나는 무엇을 잘할 수 있는가

고즈윈은 좋은책을 읽는 독자를 섬깁니다.
당신을 닮은 좋은책—고즈윈

나는 무엇을 잘할 수 있는가
구본형 변화경영연구소

1판 1쇄 발행 | 2008. 8. 5.
1판 11쇄 발행 | 2022. 8. 30.

저작권자 ⓒ 2008 구본형 변화경영연구소
이 책의 저작권자는 위와 같습니다. 저작권자의 동의 없이
내용의 일부를 인용하거나 발췌하는 것을 금합니다.
Copyright ⓒ 2008 bhgoo Transformation Leadership Academy
All rights reserved including the rights of reproduction
in whole or in part in any form. Printed in KOREA.
일러스트 ⓒ 김아로미

발행처 | 고즈윈
발행인 | 고세규
신고번호 | 제313-2004-00095호
신고일자 | 2004. 4. 21.
(121-896) 서울특별시 마포구 동교로13길 34(서교동 474-13)
전화 02)325-5676 팩시밀리 02)333-5980

값은 표지에 있습니다.
ISBN 978-89-92975-06-3

고즈윈은 항상 책을 읽는 독자의 기쁨을 생각합니다.
고즈윈은 좋은책이 독자에게 행복을 전한다고 믿습니다.

나는 무엇을 잘할 수 있는가

구본형 변화경영연구소 지음

고즈윈
God's Win

• 머리말 •
나를 찾아 다 쓰고 가라

한 아프리카인이 말했다.
"손으로 밥을 먹으면 더럽다 한다. 미개하다 말한다. 그러나 당신들은 고작 다른 사람들이 빨던 포크와 나이프로 밥을 먹는다. 나는 내 손가락으로 밥을 먹는다. 다른 사람이 먹던 도구로 밥을 먹는 것이 문명이라면 나는 나만을 위한 내 손으로 밥을 먹는 건강한 원시에 머물 것이다."

비유컨대 이 책은 다른 사람들이 먹던 숟가락과 젓가락으로 밥을 먹는 사람들에 대한 아프리카인의 항변이다. '네 손가락으로 밥을 먹어라.' 이것이 이 책의 메시지다. 이 책은 천편일률의 콘크리트 집을 버리고 내 손으로 지은 흙집에 대한 동경이자 나로 되돌아가 그 위에 진정한 나를 축조하려는 창조적 퇴행이다. 다시는 다른 사람처럼 살지 않을 것이며 오직 '나처럼 사는 유일한 나'를 만들어 내기 위해 출발하려는 이를 돕기 위한 책이다.

어렸을 때 우리는 세상의 모든 것이었다. 학교에 들어가는 순간 세상의 규칙에 갇히게 되고 학교를 졸업하는 순간 사회의 톱니바퀴가 된다. 이내 평생을 아무것도 아닌 사람들이 되어 살게 된다. 돈을 벌기 위하여, 조직에서 살아남기 위하여, 때로는 세상에서 외롭지 않기 위하여 우리는 다른 사람을 따라 하다 인생의 도중에서 길을 잃고 만다. 나는 사라지고 그들이 나를 대체하게 된다. 그리하여 '무엇으로 살 것인가'라는 물질적 문제에서 벗어나지 못하고 '무엇을 위해 살 것인가'라는 '나의 가치'는 풀지 못한 채 내 삶은 알지 못하는 자의 손에 질질 끌려간다.

자기 혁명은 나의 주도성을 복원하는 프로젝트다. 그것은 잃어버린 나를 찾아 나로 살게 하려는 정신적 르네상스다. 자신을 활용할 수 있는 사람은 성공한 사람이며 자신을 쓰지 못한 사람은 망한 사람이다. 이 분명한 기준을 몰라 우리는 참으로 오랜 세월 헤매고 다녔다. 자기계발서는 자신의 강점 위에 미래를 건설하라고 조언한다. 그러나 아주 많은 사람이 아직 자신의 기질적 특성이 무엇인지조차 알지 못한다. 강점을 발견하지 못했을 때, 심지어 아무런 강점도 없다는 성급한 결론에 도달했을 때 이러한 조언은 우리를 슬프게 하거나 화나게 한다. 그것은 마치 일층이 없는 이층집 같다. 공중에 떠 있는 유령의 집처럼 보인다. 자기실현이라는 '전망 좋은 이층'으로 오르는 계단은 어디에도 없다. 이때 자기계발서는 부실한 조언이요, 어리석은 채찍에 지나지 않는다.

이 책은 '나라고 하는 아름다운 건축'의 기초 작업에 대한 매우 초보적 연구의 일환이다. 나를 활용하기 위한 기초적 탐색 작업이며, 기질적 특성을 발견하는 여섯 가지 방법에 대한 구체적 기술이다. 이 책에서 쓰고 있는 '기질적 특성'이란, 말 그대로 '태어나면서 유산으로 가지고 나온 특성'을 말한다. 따라서 그 자체로는 좋다 나쁘다의 가치 판단을 하지 못한다. 기질적 특성 자체를 아직 강점이라 부를 수는 없다. 기질적 특성을 긍정적인 방향으로 잘 계발하면 비로소 강점이 된다.

예를 들어 나는 내향적인 기질적 특성을 가지고 태어났다. 외향성과 대치되는 특성이다. 내향성은 그 자체로 좋다 나쁘다의 판단으로 재단할 수 없다. 만일 내향성이 지나친 부끄러움, 비사회적 폐쇄성으로 발전하게 되면 사회생활을 하는 데 커다란 단점과 장애가 된다. 그와 반대로 이것이 자신에 대한 관심과 자기 투자의 에너지로 전환될 수 있다면 엄청난 강점으로 작동하게 된다. 결국 기질적 특성이란 나를 구성하는 타고난 성격적 뼈대를 말한다. 이 특성은 평생 동안 잘 바뀌지 않으며, 우리가 '무엇을 잘할 수 있는가'를 결정하는 가장 중요한 요소다.

우리는 어떤 기질적 특성을 가지고 있을까? 그것을 어떻게 찾아낼 수 있을까? 우리는 이 고민을 공략하기로 작정했다. 먼저 사람들이 자기 내면에서 자신만이 지닌 '기질적 특성'을 찾아낼 수 있는 구체적인 방법론을 만들어 보기로 했다. 나는 변화경영연구소 연구원들도 같은 고민을 안고 있다는 것을 알고 있었다. 그래서 연구원들에게 기질적 특성을 찾아가는 몇 가지 방법을 제시하고, 가장 마음에 드는 방법을 하나씩 선택하게 했다. 방법론을 고르는 과정에서도 기질적 특성이 나타났다. 논리적이고 분석을 즐기는 연구원은 그런 능력을 요구하는 방법을 좋아했으며 또 직관적이고 상상력이 풍부한 연구원은 그런 능력이 요구되는 방법을 선호했다. 각자 고른 방법에 따라 자신의 기질적 특성을 찾아보는 과정에서 연구원들은 자신의 방법을 수정하고 보완하여 하나의 방법론으로 체계화해 갔다. 개인의 방법론에 대하여 스스로 확신하는 것, 이것이 가장 중요한 첫 단계였다.

그리고 둘째 단계로 넘어갔다. 한 개인에게 유용한 방법론이 다른 사람들에게도 유용할까? 연구원들은 이 질문에도 대답해야 했다. 일단 한 방법론이 만들어지면 다른 사람에게도 잘 적용되는 범용성을 확보하는 것이 중요하기 때문이다. 그래서 연구원들은 자신이 선택한 방법론이 누구에게나 적용될 수 있도록 범용적 측면을 강화하였다. 우리는 집단 연구와 집단 피드백 방식을 적용했다. 한 사람이 자신에게 써보고 효험을 본 방법을 체계화하여 다른 연구원들 앞에서 발표하고 그 범용성에 대한 피드백을 받아 보게 한 것이다. 우리는 2박 3일 동안 지리산의 한 숙소에 묵으며 오직 이 주제만을 생각했다. 집단 저술이 가능한지 실험했고, 서로 어떻게 시너지를 낼지 토론했다. 모이면 각 방법론에 대한 다른 연구원들의 피드백을 받았고, 흩어져 혼자가 되면 모자라는 부분을 채우는 어려운 숙제를 했다. 우리는 이렇게 모이고 흩어지기를 반복했다. 이 실험은 재미있기도 했고 어렵기도 했다. 연구 과정 자체가 하나의 즐거운 놀이였고 실험이었다. 이 연구가 어떻게 진행되었는지는 서장에 상세히 실어 두었다. 우리는 여러분이 이 책의 결과뿐 아니라 이 책을 만들어내는 과정에도 참여하여 이곳저곳을 둘러보기를 바라기 때문이다. 제조 과정에서 땀 흘리고 공들인 빵이 맛있고 영양가 높은 빵이 아니겠는가!

'나의 기질적 특성'을 찾아가는 방법에 대한 이 연구는 아직 걸음마 단계다. 그럼에도 우리가 이 책에 거는 자부심과 기대는 크다. '꼭 필요하지만 아직 누구도 시도하지 않은 실험'이기 때문이다. 우리는 이 책이 개인의 삶을 바꾸는 결정적인 단서가 되기를 바란다. 나를 나답게 복원시킴으로써 세상을 바꾸는 장기적 혁명의 출발점이 되기를 희망한다. 다른 사람들에게 빌려온 것을 버리고 '내 손으로 내 밥을 먹겠다'는 창조적 퇴행을 통해 남은 생애를 자기 자신만의 위대한 탐험으로 엮어나가게 되길 진심으로 바란다.

2008. 3.

변화경영연구소 소장 구본형

차례

머리말 나를 찾아 다 쓰고 가라 _ **구본형**

서장 강점을 찾아 떠나는 여행

    출발 – 강점 발견, 그 짜릿한 모험 속으로 14
    수련 – 치열하게 계획 세우기 17
    집단 저술 여행 – 놀면서 배우기 21
    나를 넘어 그대에게 – 강점 발견법의 범용성 높이기 23
    이 책 사용법 25   [워밍업] 내게 맞는 강점 발견법 찾기 26

1장 첫 번째 강점 발견법 산맥 타기

    생애 분석을 통한 강점 발견법 _ **문요한**

    하나, 나는 이렇게 강점을 찾아갔다 – 나의 이야기 34
    둘, 강점을 어떻게 찾을 것인가 – 산맥 타기 방법론 45
    탐험 그 후 53
    [산맥 타기 요약] 56

2장 두 번째 강점 발견법 DNA 코드 발견

    가족이라는 거울에 비춰 나를 들여다보기 _ **박승오**

    터닝포인트 – 하얗게 변한 세상에 홀로 앉아 61
    나의 DNA 코드를 찾아서 68
    탐험 그 후 89
    [DNA 코드 발견 요약] 91

3장 세 번째 강점 발견법 욕망 요리법

그물에 걸리지 않는 바람, '욕망'을 분석한다 _김귀자

욕망 이야기 95
욕망을 '맛있게' 요리하는 법 99
나의 요리 – 욕망으로 찾은 기질 이야기 108
욕망에 맛을 더하자 110
욕망 요리법 테스트 116
탐험 그 후 122
[욕망 요리법 요약] 126

4장 네 번째 강점 발견법 몰입 경험 분석

나도 모르게 빠져드는 일에 내가 있다 _ 한명석

미쳐야만 살 수 있는 사람들 131
나의 몰입 경험 135
몰입 경험 분석으로 기질 추출하기 147
몰입 경험 분석의 실제 158
탐험 그 후 164
[몰입 경험 분석 요약] 168

5장 다섯 번째 강점 발견법 피드백 분석

　　탁월한 성과에 숨어 있는 당신의 보물을 찾는다 _오병곤

　　터닝포인트 – 인생의 문이 닫힐 때 173
　　피드백 분석을 통한 강점 발견 사례 178
　　피드백 분석의 실제 194
　　탐험 그 후 200
　　[피드백 분석 요약] 202

6장 여섯 번째 강점 발견법 내면 탐험

　　객관적인 나와 주관적인 나의 만남! _홍승완

　　터닝포인트 – 무너지는 현실, 내 손에 달린 미래 207
　　내면 탐험 – 강점을 어떻게 발견할 것인가 212
　　탐험 그 후 245
　　[내면 탐험 요약] 248

맺음말 우리는 이렇게 달라졌다 250
부록 강점 목록표 257
작가 후기 262

서장 | 강점을 찾아 떠나는 여행

누구에게나 강점이 있고, 그것을 발견하여 계발하는 것이
자신의 비전을 실현하고 전문성을 확보하는 요결이다.
하지만 강점이 중요하다고 말하는 이들이 많은데도
정작 강점을 발견하는 가이드는 부족하다.

| 출발 – 강점 발견, 그 짜릿한 모험 속으로 |

　김귀자, 김달국, 문요한, 박승오, 오병곤, 한명석, 홍승완. 이 책 집필에 참여한 사람들이다. 우리는 평범한 사람들이다. 먹고사는 문제에 대해 진지하고, 더 나은 미래를 꿈꾸고 고민한다는 점에서 우리는 다른 사람과 다를 바가 없다. 또한 독특한 사람들이다. 나이가 20대부터 50대까지 다양하고, 직업도 학생, 정신과 의사, 작가, IT 전문가, 기업 교육 전문가 등 가지각색이다.
　우리에게 한 가지 공통점이 있다면 그것은 구본형 변화경영연구소를 통해 인연을 맺은 사람들이라는 점이다. '창조적 부적응자', 구본형 사부는 우리를 그렇게 부른다. 그리고 우리는 그렇게 불리는 것을 좋아한다. 우리는 평범해 보이는 괴짜들이고, 내면의 영웅성을 발견하여 창조적으로 인생을 살고 싶어 하는, 그래서 때로는 사회에 잘 적응하지 못하는 사람들이다. 다행히 우리는 자신만의 강점을 찾아내고 그것을 바탕으로 제 분야에서 조금씩 성과를 내고 있다. 2006년 12월, 구본형 사부는 이 다양하고 평범하고 독특한 사람들에게 흥미로운 제안을 하나 했다.

"거의 모든 자기계발서와 전문가들이 강점의 중요성에 대해 말하고 있다. 하지만 강점을 어떻게 발견해야 하는지에 대한 목소리는 그보다 훨씬 적다. 그대들은 자신의 강점을 발견했고, 그것을 통해 성과를 하나 둘 이뤄내고 있다.

그대들은 어떻게 강점을 발견했는가? 어떤 과정을 거쳤는가? 그 과정에서 어려웠던 점은 무엇이고, 그것을 어떻게 극복했는가? 그대들의 경험을 바탕으로 하여 평범한 사람들이 강점을 찾아낸 과정과 방법에 대해 책을 한 권 써보면 어떨까?"

우리는 구본형 사부의 제안에 흥분할 정도로 깊이 공감했다. 우리 모두 강점을 발견하는 것이 얼마나 어려운지 경험으로 알고 있었다. 많은 시행착오를 거치고 시간을 쏟아 부어 강점을 발견했다. 그 경험을 정리하는 것은 개인적으로 유용하고, 그것을 통해 다른 이들을 돕는 것은 가치 있는 일이었다.

시중에는 MBTI, 에니어그램, 스트렝스파인더 같이 강점 혹은 기질에 관련한 도구들이 많이 있었다. 우리 경험으로는 그러한 도구들이 물론 자신에 대한 통찰을 이끌어 주지만 대부분 정형화된 틀과 객관화된 용어로 강점을 설명하고 있어 자신을 어떤 공식이나 틀에 맞추어야 한다는 답답한 느낌이 들었다. 그런 도구에서 사용하는 개념과 용어들을 자기만의 언어로 표현해 보기 전에는 자신을 이해하거나 설명하기 어렵다는 단점도 있었다. 마커스 버킹엄은 『위대한 나의 발견, 강점 혁명』에서 이렇게 말했다.

"타고난 재능을 정확하게 알아내는 가장 좋은 방법은 자신에 대한 실마리를 최대한 이용해서 시간을 두고 자신의 행동과 감정을 관찰하는 것이다. 어떤 프로파일이나 앙케트도 이 방법보다 훌륭할 순 없다."

객관적 도구는 유용하다. 자신을 관찰할 시간이 부족하거나 강점 발견을 어디서 시작해야 할지 모르는 사람들이 많기 때문이다. 하지만 자신을 더 철저히 알기 위해서는 시간과 공을 들여 자기 내면을 열심히 들여다보아야 한다.

우리는 강점 발견에 '다소 느리지만 확실한 길'이 있다고 생각한다. 그것은 강점 발견에 성공한 한 개인의 경험적 방법이다. 신체 질환을 다루는 일에 있어 현대 의학 외에 한의학이나 카이로프랙틱(chiropractic) 같은 오랜 경험이 증명해 주는 방법이 존재하듯이 강점 발견에도 공식화된 도구 외에 개인의 경험으로 그 가치가 증명된 방법이 존재한다. 우리는 이런 방법들을 정리함으로써 독자들이 그중 자신에게 적합한 한두 가지를 선택하여 실험해 볼 수 있도록 자극하고 싶었다.

우리는 이름이 알려진 사람들이 아니다. 물론 절반 정도(구본형, 김달국, 문요한, 오병곤, 홍승완)는 책을 출간해 본 경험이 있지만 구본형 사부를 제외하고는 유명하다고 말하기 어렵다. 처음에 우리는 이것이 약점이라고 생각했다. 유명하지 않은 우리의 이야기에 누가 귀 기울여줄 것인가? 그러나 이내 알게 되었다. 우리의 평범함이 약점이 아니라 강점이 될 수 있다는 것을 말이다. 우리 같이 평범한 이들의 이야기가 사람들에게 더 구체적이고 현실적인 도움이 될 것이라 생각했다. 시중에 무수한 자기계발서가 나와 있지만, 저자가 실험 대상이 되어 직접 자신을 실험하고, 그것도 여러 명이 함께 작업한 사례는 드물지 않은가? 우리 모두 공감한 것은 이것이었다.

"누구나 강점을 가지고 있다. 평범한 우리가 강점을 발견할 수 있다면 누구나 찾을 수 있다."

| 수련 – 치열하게 계획 세우기 |

우리는 이 책을 집필하면서 몇 가지 원칙을 정했다.

하나, 서로 친구이자 스승이 된다. 서로를 품고 섞는다.
둘, 자신에게 없는 것을 주지 않는다. 자신을 가장 먼저 실험한다.
셋, 놀이와 학습을 버무린다. 놀이가 배움이고 배움이 곧 놀이다.
넷, 각자의 방법론을 주변 사람들에게 실험하여 범용성을 높인다.

책을 쓰는 과정은 만만치 않았다. 일단 한 주제를 두고 썼지만 담긴 이야기는 모두 달랐다. 게다가 여러 명이 함께 쓴다는 것은 집중도가 떨어지는 일이다. 어떻게 쓸 것인가부터, 누구를 독자로 할 것인가, 무엇에 초점을 맞출 것인가 등에 관한 생각이 모두 달랐고 물음은 끊이지 않았다. 넘어야 할 산은 높았으며, 그것도 여러 개였다.

치열하게 토론할 수밖에 없었다.

우리는 각자 생업에 종사하며 1년 가까이 줄기차게 모였다. 책을 집필하는 1년 동안 한 달에 2번 정도 만났다. 낮에 모이든 저녁에 모이든 자정이 넘어서야 모임이 끝났다. 처음 모였을 때에는 답보다 고민이 훨씬 많았다. 다음은 우리가 고민했던 흔적의 일부다.

책의 목적과 대상 독자

우리는 이 책을 왜 쓰는가? 이 책을 통해 전하고자 하는 메시지는 무엇인가? 누가 이 책을 읽어주길 바라는가? 이 책을 통해 누구를 도우려 하는가? 누구에게 어떤 도움을 줄 수 있는가?

우리 모두 경험적으로 강점의 중요성에 대해 절감하고 있었다. 이미 많은 책과 전문가가 강점의 중요성에 대해 이야기하지 않았던가. 우리는 누구에게나 강점이 있고, 그것을 발견하여 계발하는 것이 자신의 비전을 실현하고 전문성을 확보하는 요결이라고 확신했다. 하지만 강점이 중요하다고 말하는 이들이 많은데도 정작 강점 발견을 위한 가이드는 부족했다. 우리는 경험을 바탕으로 강점을 발견하는 다양한 방법을 제시하고 싶었다.

우리는 모든 사람을 위한 책을 쓰고 싶지 않았다. 그건 욕심이었다. 강점의 중요성에 대해 알고 있지만 그것을 어떻게 찾아야 할지 몰라 답답해하는 이들을 돕고 싶었다. 강점을 통해 두 번째 인생을 시작하고 싶은 사람을 대상으로 그를 위한 가이드를 마련해 보기로 했다.

방법론과 사람의 연결

첫 모임에서 맨 먼저 한 것은 각자 자신의 방법을 고르는 것이었다. 제각기 가장 유용하게 쓴 방법을 하나씩 골라냈다. 다행히 그 방법은 모두 독특하고 나름의 색깔을 지니고 있었다.

김귀자('욕망 분석')는 그 방법론에 걸맞게 욕망에 충실한 사람이다. 왕복 비행기 티켓 한 장 달랑 들고 1년간 호주에서 길거리 연주를 하며 돌아다녔다. 홍승완('내면 탐험')은 가슴 때문에 머리가 종종 마비되는 감성적인 사람이다. '유체이탈'하여 자유롭게 자신을 관찰하면서 자신과 대화하는 것을 즐긴다. 박승오('DNA 코드 발견')는 최근 몇 년 사이 부모님과의 관계가 좋아졌다. '내가 찾으려는 자아는 부모님 모습의 적당한 조합이었다'고 입버릇처럼 말하곤 했다. 오병곤('피드백 분석')은 계획을 세우고 치밀하게 진행하는 것을 잘한다. 우리가 '성실한 독종'이라 부르는 그는 IT 업계의 유능한 프로젝트 매니저이자 팀장이다. 케이블 TV 프로그램에 '자기계발의 달인'으로 출연할 정도로 일을 스마트하게 처리한다. 문요한('산맥 타기')은 정신과 의사로서 탄탄한 정신의학 지식을 갖추고 자신과 환자들을 돕기 위해 '산맥 타기'를 오랫동안 활용해 왔다. 우리 중 가장 많은 임상경험을 쌓았다. 한명석('몰입 경험 분석')은 오랜 경험을 통해 몰입의 맛과 힘을 체득했고, 그 경험을 돌아봄으로써 두 번째 인생을 맞이했다. 그리하여 논술학원 원장이라는 안정된 직업을 접고 작가로서 제2의 인생을 준비하고 있다.

책의 범위

강점을 어디부터 어디까지 다룰 것인지도 결정해야 했다. 우리 중 다수는 강점 발견에 초점을 맞추자고 주장했지만, 몇몇은 발견뿐 아니라 활용도 다뤄야 한다고 생각했다. 이 생각은 강점을 발견하는 것이 끝이 아니라 시작이라는 점에 중심을 둔 것이었다. 강점을 알아도 활용하지 않으면 아무런 성과도 낼 수 없다. 맞는 말이다. 생각보다 결정하기 어려운 문제였다.

결국 처음에 세운 원칙으로 돌아갔다. '자신에게 없는 것을 주지 않는다. 자신을 가장 먼저 실험한다.'는 것이 우리의 중요한 원칙이었다. 우리 모두 스스로 강점을 발견하는 데 성공했다. 몇몇은 자신만의 강점으로 직업적 비전을 실현하고 남다른 성과를 창출하기도 했다. 우리는 자신의 강점을 발견해 냈지만, 강점 활용에 대해서는 아직 실험 중이다. 우리는 우리가 잘하는 것에 초점을 맞추기로 원칙을 정했고, 우리가 잘하는 것은 강점 활용이 아니라 강점 발견이었다. 그와 동시에 발견과 활용을 모두 다루면 아무래도 내용의 깊이가 얕아질 것이라는 생각도 들었다. 우리는 긴 논의 끝에 강점 발견에 초점을 맞추기로 했다. '이번에는 강점 발견에 주력한다. 강점 활용은 두 번째 책에서 다루거나 다른 이의 몫으로 남겨두자.'

책의 전개 방식

책을 어떻게 구성할 것인가? 어떤 식으로 꾸며야 독자들이 쉬 읽고 잘 이해할 수 있을까? 우리 강점을 살릴 수 있는 구성은 무엇일까? 누군가 말했다. "소설 형식으로 하면 어떨까. 한 명이 주인공이 되어 다른 사람의 이야기를 아우르는 거야." 다른 사람이 말했다. "아니다. 그냥 각자의 리얼 스토리로 가자. 우리의 생생한 이야기를 담아낼 수 있다." 누군가가 손을 들었다. "리얼 스토리를 소설적 구성으로 가져가면 어떨까?"

오랜 토론 끝에, 강점 발견법을 따로따로 제시하기로 결정했다. 강점을 발견하는 것은 진지하고 어려운 일이다. 소설 형식으로 가면 재미를 더할 수는 있지만, 방법론을 명확하게 전달하는 데는 과연 도움이 될지 의문이었다. 우리 목적은 독자에게 재미를 선사하는 것이 아니라 독자가 강점을 발견할 수 있도록 실질적인 도움을 제공하는 것이었다. 즉, 우리 방법론이 독자에게 직접 다가가기를 원했다.

우리는 독자들이 이 책에 실린 방법론을 모두 활용해 보기를 원하지 않았다. 여섯 가지 방법론 중 자신에게 잘 맞는 두세 가지를 활용할 수 있기를 바랐다. 그렇다면 방법론을 하나씩 제시하는 것이 가장 좋은 방법이라 생각했다. 각자의 방법론을 독립적으로 배치함으로써, 독자들에게 골라 먹는 재미와 자유를 선사하기로 결정했다.

| 집단 저술 여행 – 놀면서 배우기 |

원고를 쓰는 순간은 고단했지만, 집단 집필 과정은 펄떡이는 순간의 연속이었다. 그중 백미를 꼽는다면 단연코 2박 3일간의 지리

산 여행이다. 한 달에 두 번씩, 그야말로 짬짬이 모이던 우리에게는 목마른 것이 하나 있었다. 각자 생업이 끝나고 저녁 7시쯤 모여 얘기를 시작하면 밤 12시가 되어야 끝나곤 했다. 밀도 있게 토론했지만 시간은 늘 모자랐다. 시간에 관한 목마름에 지친 우리는 며칠을 통째로 잡아 집중적으로 토론하고 집필하는 시간을 마련해 보기로 의견을 모았다.

2007년 초여름, 우리는 도발적인 실험을 기획했다. 이른바 '집단 저술 여행'이다. 2박 3일간 강점 발견에 대해 집중적으로 토론하고 책을 쓰고 함께 놀기 위해 지리산으로 떠났다. '2박 3일간 풍광 좋고 조용한 곳에 들어가 피 터지게 토론하고, 손에 열나도록 글 써보자. 그곳에서 실습을 해서 정리하든, 토론을 하든 제가 고른 강점 계발법의 초안을 완성하자.' 이것이 우리 목적이었다. 일종의 실험적인 강점 발견 워크숍이었다.

낄낄대며 여행 계획을 세웠고 마침내 5월 24일 목요일, 각자 노트북과 배낭 하나를 짊어지고 서울을 떴다. 반나절이 걸려 지리산에 있는 조용하고 아담한 펜션에 도착했다. 젊은 부부가 차 농사를 지으며 꾸려가는 곳인데 주변은 온통 파랗고 조용하고 빛이 났다. 짐을 풀자마자 마당에 얼기설기 지어진 원두막에서 맑은 공기를 마시며 종일 토론했다. 아침 먹고 토론하고, 점심 먹고 토론하고, 저녁 먹고 토론했다. 그렇게 나가떨어질 정도로 토론하고서도 밤새 또 이야기를 나눴다. 차곡차곡(차와 술을 번갈아 마시는 것)을 하며 지리산의 깊어가는 밤을 즐겼다.

그러면서 이견은 조금씩 좁혀졌고, 독자에게 도움이 되는 책을 만들 수 있다는 자신감이 차올랐다. 책의 모양이 조금씩 그려지는 것을 보며 우리는 기뻐했다. 읽고 쓰는 일, 생각하고 토론하는 일로 이렇게 행복할 수 있다는 사실이 우리 모두를 업그레이드시켜 주었다.

지리산 저술 여행은 여러 모로 각별한 체험이었다. 주인 부부의 환대와 음식 솜씨를 빼놓을 수 없다. 사람을 아주 좋아하는 그분들은 우리를 마치 연인처럼 애틋하게 대해 주셨다. 늘 향기로운 차를 내주셨고, 절묘한 시점에 간식을 가져와 에너지를 보충해 주셨다. 매실장아찌와 백련죽 같은 천상의 음식을 즐기며 우리는 신선이라도 된 듯했다. 이렇게 저술 여행은 우리 모두의 인생에 '최고 멋진 장면'의 하나로 자리 잡았다.

| 나를 넘어 그대에게 – 강점 발견법의 범용성 높이기 |

책을 기획한 지 6개월이 지났을 즈음(지리산 여행을 다녀온 후), 우리는 강점 발견법 초안을 완성했고 각자의 방법론을 자신에게 실험하여 성과를 거뒀다. 하지만 어려운 도전이 남아 있었다. 각 방법론의 범용성을 높이는 것이었다. 즉, 우리가 효과를 본 방법을 다른 이들에게 실험하여 그것이 보편적으로 효과가 있는지 증명하는 과정이 필요했다.

실험 대상을 먼 곳에서 찾지 않았다. 구본형 변화경영연구소의 연구원들, 그리고 '내 꿈의 첫 페이지' 프로그램을 다녀온 '꿈벗'들에게 방법론을 적용해 봤다. 가족과 친구, 직장 동료 등 지인들을 실험에 참여시키기도 했다. 여러 번 실험하고, 피드백을 반영하여 각 방법론을 수정해 나갔다. 이런 과정을 통해 우리의 방법론들은 단단해졌고, 그 결과물이 바로 이 책이다.

아기가 뱃속에서 열 달 동안 성숙하여 세상 빛을 보듯 우리 책도 우리 안에서 열 달 넘게 성숙했다. 수많은 진통을 함께 겪고서 이제 우리 책을 세상 밖으로 내보내려 한다. 기쁨과 함께 두려움이 앞선다. 과연 우리 방법론이 우리를 도운 만큼 또 우리 주변 사람들을 도운 만큼 여러분을 도울 수 있을까? 우리의 개인적 경험과 이야기가 사람들 마음으로 뛰어 들어갈 수 있을까? 이 물음에 대한 답을 우리는 흥분감을 가지고 진지하게 기다릴 것이다.

우리는 이 책에서 여섯 가지 방법론을 제시했다. 여섯 가지 방법이 모두 유용하지는 않을 것이다. 그러나 이 글을 읽고 있는 그대에게 우리 방법 중 적어도 하나, 둘 정도는 도움이 될 것이라 확신한다. 왜냐하면 우리는 다양한 사람이고, 우리 중 누구와 그대가 닮았을 것이기 때문이다. 우리가 강점을 발견하는 데 성공했다면, 그대 역시 그럴 수 있다.

이 책 사용법

이 책에서 쓰는 '강점'이란 용어는 기질적 특성과 매우 밀접한 관련이 있다. '기질적 특성'이란 나를 구성하는 타고난 성격적 뼈대가 되는 특성을 말한다. 따라서 그 자체로 좋다 나쁘다라는 가치 판단을 할 수 없다. 엄밀하게 말하자면 기질적 특성은 강점의 원석原石이다. 기질적 특성을 긍정적인 방향으로 잘 계발하면 비로소 강점이 된다. 기질적 특성은 평생 잘 바뀌지 않고, 우리가 '무엇을 잘할 수 있는가'를 결정하는 가장 중요한 요소다.

이 책은 여섯 강점 발견법을 담고 있다. 사람마다 강점이 다르듯이 강점을 발견하는 방법 역시 다를 수 있다. 여섯 가지 방법 중에서 여러분에게 맞는 두세 가지를 뽑아 수행해 볼 것을 적극 권한다.

이 책은 여러 방식으로 볼 수 있다. 크게 3가지 방식 중 하나를 택할 수 있다.
첫째, 처음부터 끝까지 순서대로 읽는다. 순서대로 읽는 것이 편한 독자는 그렇게 읽으면 된다.
둘째, 마음에 드는 강점 발견법을 골라 읽는다. 일부러 6가지 발견법을 독립적인 장章으로 배치했다. 발견법에는 그 부분을 맡은 저자의 기질적 특성과 강점이 스며 있으므로 각각 스타일이 다르고 톤이 다르며 구성도 다르다. 차례를 보고 마음으로 치고 들어오는 장(발견법)부터 읽어도 좋다.
셋째, 궁합이 맞는 장(발견법)부터 읽는다. 여러분과 발견법 간의 궁합을 알아볼 수 있도록 워밍업 단계를 두었다. 워밍업에서 간단한 과정을 거쳐 자신과 잘 맞는 강점 발견법 몇 개를 알 수 있다. 가장 잘 맞는 방법론을 독서의 출발점으로 삼으면 된다.

강점을 활용하고 내재화하기 위해서는 그 강점을 자신의 언어로 표현해서 이 강점이 구체적으로 내게 어떤 의미인지 정리하는 것이 중요하다. 자신의 언어로 표현하는 것을 돕기 위해 '강점 목록표'를 부록으로 실었다. 이 목록표는 모든 강점을 담고 있지 않다. 이 목록표에 갇혀서는 안 된다. 독자가 어떤 표현을 찾기 어려울 때 간단히 참고하는 수준에서 활용하기 바란다.

워밍업   내게 맞는 강점 발견법 찾기

이 책은 강점을 발견하는 6가지 방법론을 다루고 있다. 바로 '산맥, DNA, 욕망, 몰입, 피드백, 내면'이다. 우리는 여러분이 여섯 가지 방법 중에서 자신과 가장 잘 맞는 방법을 알아내서 그 방법부터 읽어 보고 싶어할 것이라고 생각했다. 그래서 자신에게 맞는 강점 발견법을 확인할 수 있는 간단한 검사를 준비했다. 이것은 엄격한 검사라기보다는 본인과 강점 발견법의 궁합을 알아보는 간단한 리트머스 시험지에 가깝다. 부담을 가지지 말고 가벼운 마음으로 해보기를 바란다. 검사를 수행하는 절차는 다음과 같다.

❶ 다음 '강점 목록'(27쪽)에서 자신을 잘 표현하거나 상징하는 용어를 모두 고른다. 개수에 제한은 없으나 최소 7개는 고른다. 오래 생각하지 마라. 자신의 직관과 마음을 따르면 된다.

❷ '강점 목록 조견표'(28~29쪽)에서 선택한 용어에 항목별로 동그라미를 친다. 용어를 뽑아내기 전에 강점 목록 조견표를 보면 안 된다. 미리 보게 되면 검사의 신뢰도는 매우 낮아진다.

유의사항

이 검사는 말 그대로 '워밍업'이다. 우리는 수십 명을 대상으로 사전 테스트를 진행했다. 그 결과는 매우 긍정적이었다. 그럼에도 이 검사를 통해 모든 사람이 자신에게 가장 잘 맞는 강점 발견법을 찾아낼 수 있다고 약속할 수는 없다. 검사 결과에 너무 신경 쓰지 않기를 바란다. 앞의 '이 책 사용법'에서 말했듯이 이 책은 여러 방식으로 볼 수 있다.

강점 목록(가나다순)

☐	감수성	☐	상담하기	☐	자기점검
☐	개방적 사고	☐	상상하기	☐	재정의하기
☐	개선하기	☐	섬세함	☐	정리하기
☐	경청하기	☐	솔직함	☐	조망하기
☐	계획하기	☐	수용하기	☐	조사하기
☐	관계 맺기	☐	수집하기	☐	진단하기
☐	관리하기	☐	시각화하기	☐	질문하기
☐	관찰하기	☐	실행하기	☐	집중하기
☐	기록하기	☐	실험하기	☐	창의성
☐	기억하기	☐	심사숙고하기	☐	체계화하기
☐	낙관주의	☐	연결하기	☐	통합하기
☐	논리적	☐	연구하기	☐	평가하기
☐	도전하기	☐	열정적	☐	표현하기
☐	목표지향성	☐	의미파악	☐	현실적
☐	분석하기	☐	이야기 만들기	☐	호기심

강점 목록 조견표

앞에서 고른 강점들을 찾아서 ∨ 자에 동그라미를 친다. 강점 하나에 여러 방법론이 연결되면 모두 동그라미를 그린다. 이를테면 '개방적 사고'를 고르면 'DNA'와 '욕망'의 ∨ 표시에 동그라미를 치는 것이다. 다 표시한 후에 합계에 동그라미 개수를 적는다. 숫자가 제일 큰 강점 방법론이 그대와 궁합이 잘 맞을 것이다.

강점 \ 방법론	산맥	DNA	욕망	몰입	피드백	내면
감수성			∨			
개방적 사고		∨	∨			
개선하기					∨	
경청하기		∨				
계획하기					∨	
관계 맺기		∨				
관리하기					∨	
관찰하기			∨			∨
기록하기	∨		∨			∨
기억하기	∨	∨				
낙관주의				∨		
논리적					∨	
도전하기			∨			
목표지향성				∨	∨	
분석하기	∨				∨	∨
상담하기		∨				
상상하기				∨		
섬세함						∨
솔직함		∨	∨			
수용하기		∨				
수집하기						∨
시각화하기	∨					
실행하기			∨			

강점 \ 방법론	산맥	DNA	욕망	몰입	피드백	내면
실험하기				V		
심사숙고하기				V		
연결하기	V	V				
연구하기				V		
열정적				V		
의미파악	V	V				
이야기 만들기	V					
자기점검						V
재정의하기	V					
정리하기					V	V
조망하기	V					
조사하기	V					
진단하기						V
질문하기		V	V			
집중하기				V		
창의성				V		
체계화하기					V	
통합하기						V
평가하기					V	
표현하기			V			V
현실적					V	
호기심			V	V		
합계						

문요한

산맥 타기는 단순히 말하면 인생을 길게 펼쳐 보는 것이다.
삶을 펼쳐 놓고 어떤 시기에 내 삶이 빛났고 왜 빛났으며,
어떤 시기에 삶이 어두웠고 왜 어두워졌는지 찾아 보는 것이다.
삶이 뜻대로 되지 않거나 인생의 어떤 고비를 만나면
특히 시야가 좁혀져 온통 눈앞의 문제에만 시선이 고정되고 만다.
이때는 인생을 펼쳐 보는 것만으로도 위안을 받거나
현재의 문제에 대한 새로운 이해를 깨우칠 수 있다.

1장_첫 번째 강점 발견법

산맥 타기

생애 분석을 통한 강점 발견법

당신의 기억 중에서 가장 뚜렷이 떠오르는 기억은?
과거의 불행과 고통이 현재의 당신에게 준 선물이 있다면?

• •

　한 랍비가 당나귀와 개를 데리고 작은 램프만 지닌 채 여행을 떠났다. 날이 저물 무렵 외딴 오두막 한 채가 눈에 띄어 그날은 그곳에 머무르기로 하였다. 아직 잘 시간이 되지 않아 램프에 불을 켜고 책을 읽기 시작했는데 잠시 후 기름이 떨어져 불이 꺼지자 하는 수 없이 잠을 청했다.
　주변이 캄캄해지자 이때다 싶었는지 이리떼가 몰려와서 마당에 있던 개를 물어 죽였다. 마음이 상한 랍비에게 이번에는 사자가 나타나서 당나귀마저 어디론가 물어가 버렸다. 겁먹고 흥분한 랍비는 당장에라도 이웃 마을로 달려가서 도움을 청할까 생각했으나, 날도 어둡고 타고 갈 당나귀도 없고 해서 정신을 가다듬은 후 그냥 자기로 했다.
　아침이 되자 랍비는 빈 램프만 가지고 터벅터벅 마을로 향했다. 마을은 아수라장이 되어 있었다. 전날 밤 흉악한 도적떼가 쳐들어와 마을을 파괴하고 사람들까지 죽였던 것이다. 만약 램프가 꺼지지 않았다면 그도 도적떼에게 발견되어 황천에 갔을 것이다. 개가 살아 있었다면 개 짖는 소리에 도적에게 발견되었을 것이다. 당나귀가 사자에게 물려 죽지 않았다면 당나귀를 타고 마을에 갔을 것이고, 그러면 그도 도적에게 죽었을 것이다. 가지고 있던 것을 모두 잃은 덕택에 우주보다 소중한 생명을 보전할 수 있었다.

과거를 되돌아보면 희미하게 떠오르는 기억도 있고 선명하게 떠오르는 기억도 있다. 생생하게 살아나는 기억 중에는 눈부시게 빛나는 장면도 있고, 지워버리고만 싶은 어두운 장면도 있다. 이 장면들을 연결해 보면 삶이 상승과 하강의 연속임을 알게 된다. 그 장면들이 각각 어떤 의미를 담고 있든지 간에 그 모든 경험이 모여 나를 이룬 것이다. 산맥 타기를 통한 강점 발견법은 자신의 인생을 연대기처럼 넓게 펼쳐 봄으로써 그 안에 담겨 있는 강점과 기질 그리고 욕구를 파악하게 해줄 것이다. 그리고 우리의 삶은 영원한 골짜기도, 영원한 봉우리도 없는 오르내리기의 연속임을 깨닫게 해줄 것이다.

나의 생애는 넷으로 나뉠 것이다. 시로 충만한 밝고 순수한 어린 시절, 세상의 모든 죄를 찾아 거칠게 타락해 간 끔찍한 20년, 결혼해 정신의 부활에 이르는 18년, 마지막으로 속죄를 위해 살아 있는 지금. 이런 인생을 앞으로도 결코 바꿀 뜻은 없다.   - 레프 니콜라예비치 톨스토이

나는 흔히 인생을 산맥에 비교한다. 그것은 우리 삶이 상승과 하강이라는 리듬의 반복으로 이루어졌기 때문이다. 하루에 밤낮이 있고 일 년에 사계가 있듯이 인생 역시 주기가 있다. 아무리 잘나가는 사람이라 하더라도 지난 시절에 침체기가 있었고, 아무런 희망 없이 살아가는 사람이라 하더라도 지난 시절에 전성기가 있었다. 그것은 앞으로 다가올 날도 예외일 수 없다. 그렇기에 인생은 산맥처럼 이

어진다. 수많은 크고 작은 봉우리와 골짜기, 그리고 고저 없이 이어지는 능선 들. 그러한 주기는 서로의 존재를 위한 존재 조건으로 엮여 있다. 이 끝없는 오르내림! 그 자체가 인생인 것이다.

| 하나, 나는 이렇게 강점을 찾아갔다 – 나의 이야기 |

원하는 삶을 살고 싶다

2004년, 나는 서른일곱이었다. 그해에 나는 새로운 삶을 살아가겠다고 결심했다. 가슴속에서 치밀어 오르는, '더는 이렇게 살 수 없어!'라는 외침을 외면할 수 없었기 때문이었다. 나는 서울의 한 지역에서 정신과 의원을 운영하는 개원 의사였다. 개원 3년차였던 일상은 단조롭기 그지없었다. '오늘은 환자를 몇 명 보았는가?'만 되묻고 살았을 뿐, 일에서 얻는 보람이나 의미를 놓쳐 버린 지 오래였다. 습관처럼 약물을 처방했고 형식적으로 상담을 하였다. 물에 젖은 솜뭉치처럼 집에 들어갔고, 파충류처럼 식어 버린 피를 지닌 채 출근길에 나섰다. 일에서 재미가 없으면 일 밖에서 '낙'을 찾는 법. 하지만 일이 고달프다는 느낌에 짓눌려서일까? 어떤 즐거움도 오래 가지 않았다. 시시포스(Sisyphos)가 되어 버린 심정이었다. 시시포스! 신에게 형벌을 받아 매일 산 정상까지 커다란 바윗돌을 밀어 올리는 그가 나와 비슷한 처지로 여겨졌다.

그런 형벌에서 나를 구원해 준 것은 큰아이였다. 걸음걸이가 조금

늦은 큰아이는 15개월이 되어서 걷기 시작했다. 아마 겁이 많아 넘어지는 것을 두려워했기 때문이었던 것 같다. 하지만 두렵다고 해서 성장의 과제를 포기하는 아이란 없다. 아이의 삶은 도전과 재도전의 연속이었다. 아이가 스스로 세상을 향해 첫발을 내딛는 순간, 나 자신이 새로운 인생을 출발하는 것처럼 기뻤다. 그리고 이내 마음속에서 이런 질문이 터져 나왔다. '나는 성장하고 있는 것일까? 아니면 내 성장은 끝난 것일까?'

자꾸만 질문은 번져 나갔다. 그 전에도 비슷한 질문들이 찾아올 때가 있었지만 수신 거부를 할 수 있었다. 어찌된 영문인지 그 해에는 이 질문을 잠재우기 어려웠다. '계속 이렇게 살 것인가?'라는 질문에 어떻게든 답을 해야 했다. 선택할 수 있는 길은 두 가지였다. '그냥 이렇게 살 거야!'라는 깊은 체념의 길과 '아니야! 이제라도 원하는 삶을 살아갈 거야!'라는 새로운 도전의 길, 둘 사이에서 어느 하나를 선택해야 했다. 나는 결국 피하는 삶이 아니라 원하는 삶을 살겠다고 응답하였다.

그러나 닻을 내리지 않고 항구에 머물러 있는 배처럼 마음은 수시로 흔들렸다. 새로운 미래를 어떻게 준비해야 할지 몰랐다. 지금 사는 방식으로는 더 이상 살 수 없지만 그렇다고 어디로 가야 할지가 보이는 것은 아니었다. 이대로는 안 된다는 것은 알았지만 내가 원하는 바가 무엇인지는 명확하게 알지 못했기 때문이다. 그리고 내가 무엇을 잘하는지, 무엇을 가지고 있는지도 잘 알지 못했다. 다시 말해 내가 가고 싶은 곳도, 내가 있는 곳도, 내가 가진 것도 불분명했다. 새삼 나 자신한테 집중해야 함을 느꼈다. 문제에 초점을 두는 것이 아니라 내 안의 욕망과 강점에 초점을 맞추어야겠다는 생각이 들었다. 우선 병원을 정리하였다. 그리고 2개월여를 쉬며 매일 과거를 뒤적거렸고 새로운 미래를 그려 보았다. 눈앞의 하루에만 매달려 살던 내게 처음으로 '과거', '현재', '미래'가 공존하는 시공간이 열렸다. '내가 원하는 삶은 무엇인가?', '무엇을 하고 살 것인가?'라는 두 가지 질문을 자신에게 던지고 또 던졌다.

소망과 강점이 만나는 지점을 찾아라

원하는 삶을 살지 못하는 것은 괴로운 일이다. 원하는 일이 있더라도 그 일을 잘할 수 있는 재능이 부족하다는 것 역시 끔찍한 일이다. 노력하면 되는 일만큼이나 노력만으로 안 되는 일이 많은 것이 인생이다. 그럼에도 많은 사람들은 될 때까지 해보자는 의지만 앞세우며 채찍질을 가한다. 하지만 삶에서 성공은 결코 '소망의 힘'만으로 얻어지는 게 아니다. 성공하는 삶의 진정한 비밀은 소망과 본성이 만나는 곳에 있다. 즉, 자신의 독특함에 기반을 둔 소망에 노력이 더해질 때 삶은 피어나게 되어 있는 것이다. 안 되는 것을 되게 하려는 것! 잘할 수 없는 것을 잘하려는 것! 그와 같은 헛된 노력은 우리 삶을 피우지도 못한 채 꺾어 버린다.

나 역시 내 강점을 잘 알지 못했기에 삶의 에너지를 낭비한 적이 많았다. 예를 들면, 지난 시절 나는 무언가를 만들어 내는 사람을 늘 부러워했다. 특히, 음악과 미술 분야의 예술가를 보면 더 그랬다.

하지만 나라는 사람은 아무리 보아도 그 방면의 예술적 재능을 타고나지 못한 사람임이 틀림없다. 창작하는 재능은커녕 모방하는 재주도 없다. 초등학교 때 집에서 악기를 배우라고 교습소에 보내 주면 도망치기에 바빴다. 그런데 성인이 되니 악기를 잘 다루는 사람들이 부러워 어릴 때 배우지 않았던 것이 줄곧 후회되었다. 그러나 어쩌랴, 재능이 부족한 것을 계속 붙들고 있다고 해서 즐길 수 있는 것도 아니니. 그럼에도 한동안 미련을 버리지 못해 음악학원을 기웃거리곤 했다.

음악과 미술에 대한 나의 창작 욕구는 분명 '소망하지만 본성에 부합되지 않는 것'이었다. 그것은 내가 정말 하고 싶은 것이었다기보다 남과 나를 비교하는 데에서 비롯된 열등감의 발로였다. 열등감은 '유사 욕망'을 불러일으키기 마련이다. 그것은 진정한 내적 욕망이 아니다. 내적 욕망은 자신 안에서 뻗어나오는 것을 더 잘 뻗어나오게 하고 싶은 욕망이다. 하지만 '유사 욕망'은 남들에게서 뻗어나오는 것을 보며 '아! 저것이 내게 있었으면…….' 하는 선망에 불과한 것이다. 그러한 욕망에서 비롯된 노력은 결코 오래갈 수 없다. 자신의 강점을 기초로 삼지 않았기 때문이다. 원하는 삶이 결실로 이루어지려면 바로 자신의 강점에 굳건히 뿌리를 두어야 한다. 자신의 독특함에 바탕을 둔 소망만이 자신의 삶을 꽃 피우게 만들 수 있다.

강점은 긍정과 부정의 두 세계를 오가며 담금질된다

새로운 삶의 방향을 고민하면서 나는 내가 지닌 독특함에 주목하였다. 우선 내 인생을 길게 펼쳐 보았다. 그리고 인생의 긍정적인 순간들을 먼저 떠올려 보았다. 무엇을 할 때 기뻤고 즐거웠는지 더듬어 본 것이다. 과거를 회상하고 오래된 일기를 뒤적거렸다. 여러 기억이 떠올랐다. 그중에 가장 선명하게 떠오르는 장면에 주목하였다. 선명하게 떠오르는 경험에는 그만큼 좋은 느낌이 많이 묻어 있기 때문이다.

내가 기억하는 긍정적 경험은 크게 두 가지로 나눌 수 있었다. 하나는 나라는 존재가 다른 누군가에게 도움이 된 장면들이었다. 중학교 3학년 겨울방학에 친구들에게 삶의 투지를 북돋는 편지를 쓰느라 밤새운 일, 고등학교 1학년 때 성적 부진으로 고민하는 친구에게 단편소설을 써서 보여준 일, 고등학교 2학년 때 학교를 중퇴하는 친구를 만류하기 위해 쫓아다닌 일 등.

또 하나는 내가 생각하는 어려운 한계를 스스로 넘어서는 장면들이었다. 대개 그 한계란 남을 지나치게 의식해서 유난히 긴장하는 문제였다. 글로는 이렇게 간단하게 썼지만 어린 시절 내게 이 문제는 너무나 심각했다. 심지어는 낯선 사람과 마주치기가 힘들어 가게에 못 들어간 적도 있으니까. 그렇기에 나의 안전지대는 늘 작았다. 그래도 다행스러운 것은 작은 안전지대에 숨지 않고 안전지대를 점점 넓히려고 노력했다는 사실이다. 비록 가슴이 떨리고 정신이 아득해지기 일쑤였지만 나는 경계를 넘어서는 노력을 중단하지 않았다. 나는 그 경험을 통해 우리의 정신력이 훈련될 수 있다는 것을 알게 되었고, 삶의 영역이 작은 사람이라도 꾸준히 노력하면 그 영역이 확대된다는 것을 깨닫게 되었다. 특히 기억나는 것은 중학교 1학년 때 교내 웅변대회에 나가 전교생 앞에 섰던 일, 고등학교 1학년 때 반 대표로 나가 전교생 앞에서 장기자랑을 했던 일, 87년 6월 민주화 항쟁 때 시민들 앞에서 열변을 쏟았던 일 등이다. 어찌 보면 별일 아니지만 소심한 내게는 큰 용기가 뒷받침되지 않고서는 할 수 없는 일이었다.

그런 일들은 선명할 뿐 아니라 당시 감정이나 몸의 감각까지도 기억나는 경우가 많았다. 즉, 느낌이 생생한 것이다. 마치 기억이 머리에서만 떠오르는 것이 아니라 전신으로 떠오른다고나 할까? 그런 기억이 바로 살아 있는 기억이 아니겠는가! 머리로만 떠올려지는 기억은 사실 과거 기록일 뿐이다. 우리가 하고 싶은 일을 찾기 위해서는 바로 가슴으로 전해오고 몸을 통해 펼쳐지는 기억을 찾아야 한다.

그와 반대로 옛 기억을 뒤적거리면서 한동안 잊고 지냈지만 내 마음에 고스란히 남아 있는 부정적인 경험들 또한 만났다. 그 일부는 오랜 시간이 흘렀음에도 바로 얼마 전에 있었던 일처럼 생생하게 떠올랐다. 떠오르는 느낌이 강할수록 그 과거는 단지 과거에만 존재하는 것이 아니었다. 어떤 식으로든 지금의 삶에 영향을 미치고 있었다. 다른 아이한테 맞고 오면서 신발을 잃어버려 집 밖으로 쫓겨난 일, 소심한 성격에 친구들과 잘 어울리지 못하고 지붕에서 혼자 우두커니 앉아 있던 기억, 낯선 사람들 앞에서 얼어붙어 당황한 일, 사고로 다리를 크게 다친 일, 전공의 시절에 담당환자가 자살한 일 등.

이 기억 중에는 그냥 지워져 버렸으면 하는 것도 있다. 그런데 '오늘'이라는 조명을 비추어 과거를 곰곰이 들여다보니 부정적인 경험이라고 해서 반드시 부정적인 영향만 미친 것 같지는 않았다. '부정적 경험 = 부정적 영향'과 같은 등식이 성립되지 않았다. 굳이 말하자면 '부정적 경험 = 부정적 영향 + 긍정적 영향'이라고나 할까? 흔히 시련을 통해 삶이 단련된다는 표현처럼 부정적 경험 때문에 오히려 강해진 측면이 있었던 것이다. 물론 그 전에도 고통을 통해 삶이 성장한다는 것을 머리로는 알고 있었다. 하지만 내 삶의 궤적을 죽 놓고 보니까 비로소 부정적 경험이 삶에 끼친 양면적인 영향력을 파악할 수 있었다.

그 한 예로 6살 무렵 집 밖으로 쫓겨난 일을 들 수 있다. 그날은 아직도 기억이 선명하다. 나는 다른 아이에게 얻어맞고 무서워서 집으로 도망치게 되었다. 집에만 가면 안전할 것이라는 생각에 열심히 도망쳐 대문 안으로 뛰어들어 구세주인 '엄마'를 크게 불렀다. 당연히 어머니가 나를 안아주고 달래줄 거라 믿었다. 그런데 나를 본 어머니의 얼굴 표정은 싸늘했다. 도망치느라 신발이 벗겨진 줄도 모르고 맨발로 들어온 내가 마음에 들지 않았던 것이다. 어머니는 당장 신을 찾아오라며 나를 문 밖으로 내치셨다. 나는 서러운 마음에 더 크게 울면서 동네를 배회했다. 뒤돌아보면 이때 받은 마음의 상처가 컸다. 한동안 '세상에는 나 혼자뿐'이라고 생각하게 되었고 사람에 대해 다소의 불신을 지니며 살아왔다. 이것은 부정적 영향이라고 할 수 있다. 하지만 삶을 길게 펼쳐 보면 긍정적 영향도 찾아볼 수 있다. '불신'이라는 그 마음이 있었기에 나는 겉으로 보이는 것뿐 아니라 사람들의 내면을 들여다보고 싶은 욕구가 강했다. 그 욕구는 아마 정신과 의사가 되는 데까지 영향을 미쳤던 것 같다. 그리고 소심한 아이였지만 자신의 삶은 스스로 책임져야 한다는 독립심이 강해질 수 있었다.

부정적으로 기억하는 경험이 누구에게나 있다. 대개 상처, 실패, 냉대, 좌절과 관련된 경험이다. 우리는 무언가 성취하고 칭찬받고 만족감을 느끼는 긍정적 경험에서 강점을 찾아내려 한다. 물론, 맞다. 무언가 이루어내고 남보다 잘하고 칭찬을 받은 경험에는 강점이 잘 반영되어 있다. 하지만 긴 안목으로 고난과 불행을 살펴보면 그 시기를 겪었기 때문에 더욱 단단해진 강점을 만날 수 있다. 인간은 위기와 고난을 통해서 성장하기 때문이다. 생각해 보라. 좋은 약초는 험한 산속에서 자라지 결코 밭에서 비료를 먹고 자라나지 않는다. 그러므로 강점을 찾으려면 잘한 일과 긍정적 경험만 뒤적거려서는 안 된다. 부정적인 경험에서도 약점은 물론 강점을 찾을 수 있는 것이다. 그러므로 진정 삶에서 버릴 경험은 하나도 없다.

자기 안의 능력을 비교함으로써 강점을 찾아라

많은 사람이 안고 있는 고민 중 하나는 '특별한 재능이 없다!'는 것이다. 그것은 내 고민이기도 했다. 그렇다 해도 문제될 것이 없다는 것이 내 생각이다. 일단 내 경험과 재능 분석을 통해 이 이야기를 더 하고 싶다. 나는 우선 강하게 원하지는 않았지만 어린 시절부터 무언가를 쓰고 싶어 했다. 그런 이야기 들어본 사람이 흔하겠지만 친구들에게 글을 잘 쓴다는 말도 들은 적이 있다. 그래서 어쩌다가는 '작가가 되어 볼까?' 하는 상상도 잠깐씩 했다. 하지만 이런 마음은 늘 휘발성이 강했다. 문학작품을 읽다 보면 글은 아무나 쓰는 것이 아니라는 느낌에 작가가 되고 싶다는 마음은 흔적도 없이 사라져 버리곤 했다. 그래서 책을 써야겠다고 결심해 본 적은 한 번도 없었다. 그러나 무언가 긁적거려 보는 습성마저 날아가지는 않았다. 그런 미련 때문에 정신과 전문의가 되자 나는 '물 반, 고기 반'의 낚시터처럼 절반 이상 상을 주는 의사 대상의 수필 공모에 여러 차례 도전해 보았다. 그러나 가작에도 한 번 입상하지 못했다. 그렇다면 누가 보더라도 내게는 글쓰기 재능이 없는 것이 아닐까?

사실 내 글은 문학적 감수성이 잘 묻어나지 않는다. 대개 가까운 사람들의 에너지를 북돋으려는 '격려의 글쓰기'이자, 내 의견을 상대에게 논리적으로 전달하는 '설득의 글쓰기' 성격이 강하다. 그리고 나는 공부를 할 때도 내 나름의 방식대로 이해하고 정리하는 것을 좋아했다. 그래서 내용이 방만하면 꼭 내 식대로 다듬고 정리하여 공부를 하곤 하였다. 그렇기에 수필 공모에서 떨어진 경험이 단지 부정적인 것이라고만 생각지는 않는다. 그것은 오히려 내 강점 분야를 명확히 해주고 어떤 글쓰기에 주력해야 하는지 이야기해 준 길잡이와 같았다. 즉, 문학적인 글쓰기보다 내 전문 분야를 살려 사람들의 심리를 분석하고 변화의 동기를 부여하는 글쓰기가 적합하다는 점을 일깨워준 것이다.

나는 평범한 재능이라고 해도 몇 가지 재능을 합치고 분야를 잘

정해 노력하면 좋은 결과로 이어진다고 본다. 내가 그렇기 때문이다.

내 '글쓰기' 재능은 글쓰기 재주가 있는 사람과 비교해 보면 평범한 축에 속한다. 하지만 비교 범위를 '나'로 국한하면 다르다. 즉, '글쓰기'는 내가 지닌 재능 중에서 뛰어난 재능인 것이다. '분석'과 '정리'라는 재능 역시 마찬가지다. 또한 나는 다른 욕구보다 '남을 격려하고 싶은 욕구'가 강하다. 열정과 리더십이 뛰어난 사람들에 비하면 그러한 격려의 욕구 역시 작을지도 모른다. 하지만 '정신과 의사'라는 내 전문성에 이러한 욕구와 강점이 결합되면 무시하지 못할 시너지가 발휘된다. 그 사실을 첫 번째 책인 『굿바이, 게으름』을 출간하면서 확인할 수 있었다. 책을 내고 한동안 정말 많은 피드백을 받았다. 게으름에 대한 새로운 해석이 신선했다는 피드백도 많았고, 새로운 삶을 위해 따뜻한 상담을 받은 느낌이었다는 피드백도 잇달았으며, 게으름을 합리화하기만 하던 자신을 꾸짖는 회초리 같았다는 이야기도 자주 들었다. 삶이 바뀌게 되었다며 고마워하는 사람들도 있었다. 그 시너지는 내가 지닌 강점과 욕구와 삶의 경험을 '게으름'이라는 주제로 잘 버무렸기 때문에 얻게 된 것이라 생각한다.

자, 정리해 보자. 재능과 강점을 살펴볼 때 주의할 게 있다. 남보다 잘하는 재능과 강점을 찾을 일이 아니다. 그런 것만 찾다 보면 평생 찾지 못할지 모른다. 별다른 노력을 기울이지 않아도 발휘되는 특출한 재능은 마치 주머니 안에 감추어둔 송곳과 같은 법이다. 그런 재능을 타고난 사람을 우리는 천재라고 부른다. 그것은 삶에 축복이기도 하지만 독이 될 수도 있음을 우리는 잘 안다. 비범한 재능 때문에 일찍 피었다가 너무 빨리 시들어 버리는 화려한 꽃을 우리는 얼마나 많이 보았던가! 그러므로 평범한 사람일수록 남과의 비교라는 패러다임에서 벗어나 자신 안에 있는 능력끼리 비교해 봄으로써 재능을 찾아야 한다. 누구나 자신 안에 차별적인 강점과 재능을 가지고 있다. 물론 자라온 환경에서 그러한 강점과 재능이 계발되지 못한 경우가 많다. 하지만 여전히 우리 안에 존재한다. 씨앗으로, 원석으로 남아 있어 누군가 키워 주고 다듬어 주길 바라고 있다. 비록 남과 비교하면 평범한 재능일지라도 이를 통합하고 자신의 분야에 잘 맞추어 노력한다면 출중한 능력이 될 수 있다. 중요한 것은 '재능이 있느냐 없느냐'의 문제보다 '자기다움'에 대한 욕구와 집념인 것이다.

우리는 모두 자신만의 무엇을 만들어낼 수 있다. 나만의 생각, 나만의 이야기, 나만의 노래, 나만의 춤, 나만의 재능. 그것은 결코 누군가 쉽게 흉내 낼 수 있는 것이 아니다. 우리는 모두 자기라는 이름으로 피어날 수 있다. 자신의 길을 걸어 나간다면 말이다. 나는 그렇기에 'No. 1'보다는 'Only 1'을 좋아한다. 하지만 차별화하기 위한 차별화에 골몰해서는 곤란하다. 'Only 1'은 결과물이지 삶의 방향이 아니기 때문이다. 그렇다면 어떻게 해야 'Only 1'이 될 수 있을까? 그것은 바로 자기로서 살아가는 것이다. 자기로서 살아갈 때만이 우리는 '대체될 수 없는 삶'을 살 수 있다. 대체될 수 없는 삶이 목표가 된다면 그것은 또 다른 흉내 내기에 그치고 말 것이다.

둘, 강점을 어떻게 찾을 것인가 – 산맥 타기 방법론

자, 지금까지 겪은 경험을 토대로 여러분께 강점을 찾기 위한 방법론을 소개하고자 한다. 어떻게 하면 자신의 강점을 찾을 수 있을까? 나는 두 가지를 강조하고 싶다. 첫째는 일단 자신의 삶을 세밀하게 뒤져 보는 것이다. 강점은 어떤 검사지에서 찾는 것이 아니다. 검사지는 단지 참조 수단일 뿐이다. 유형화되어 있는 몇십 개 단어에서 강점을 빌려오는 것으로는 자신의 독특함을 드러내지 못한다. 우리가 주목하고자 하는 것은 일반적인 강점이 아니라 '나의 강점'이다. '나의 강점'이란 지금까지 살아온 전 생애 속에서 발굴해 낸 것을 말한다. 이를 찾기 위해 우리는 삶을 펼쳐놓고 삶이 언제 빛났고 언제 어두웠는지 살펴보아야 한다. 그 각각의 경험 속에 어떤 강점과 약점이 들어 있는지 살펴보아야 한다. 내 역사를 통해 내가 가진 것은 무엇이고, 가지지 못한 것은 무엇인지 구분해야 한다. 잘할 수 없는 것에 더는 미련을 남겨두어서는 안 된다. 그래서 어디로 나아가야 가장 빛날 수 있을지 알아보는 것이 필요하다. 즉, 생애 분석이 필요한 것이다.

두 번째는 강점이라고 생각하는 것을 현실에서 끊임없이 꺼내어 보고 실험하는 것이다. 강점은 단지 하고 싶은 것이 아닌 잘할 수 있는 것이기 때문에 더욱 그렇다. 생애 분석과 검사를 통해 찾아낸 내 강점은 사실 원석에 가깝다. 제대로 뻗어나가지 못한 묘목이다. 그러므로 우리는 실험을 통해 그것이 진정한 내 강점이라는 사실을 객관적으로 확인해 보아야 한다. 강점을 통해 무언가를 시도해 보고 적절한 아웃풋과 피드백을 얻어낼 수 있을 때 비로소 이를 강점이라 이름 붙일 수 있다. 사실 두 번째 방법은 실천 속에 얻어지는 것이기에 이 책에서는 '생애 분석'을 중심으로 소개하고자 한다. 즉, '자신의 생애를 뒤져서 어떻게 강점을 찾을 것인가?'라는 질문을 기본으로 방법론을 제기할 것이다.

나는 이 책에서 이 기법을 일명 '산맥 타기'라고 부르려고 한다. 그것은 인생의 상승점과 하강점을 중심으로 생애를 분석하기에 그 점들을 연결하면 거대한 산맥처럼 느껴지기 때문이다. 이 방법론은 상승점과 하강점 속에 강점이 어떻게 녹아들어 있는지 살펴보며, 상승과 하강의 경험들이 자신의 강점 형성에 어떤 영향을 미쳤는지 분석해 보는 것이다.

산맥 타기 방법론이란

많은 사람이 강점을 찾기 위해서 과거를 살펴보아야 한다는 사실에는 기본적으로 동의할 것이다. 그러나 그 원칙이 중요한 만큼 이에 좀더 쉽게 접근해 갈 수 있는 방법을 찾기란 쉽지 않다. 나는 고민 끝에 '산맥 타기'라는 방식을 고안해 냈다. 알고 보면 새로울 것도 없다. 비슷한 방법들이 다른 용도로 쓰이고 있을지도 모른다. 산맥 타기는 단순히 말하면 인생을 길게 펼쳐 보는 것이다. 삶을 펼쳐 놓고 어떤 시기에 내 삶이 빛났고 왜 빛났으며, 어떤 시기에 삶이 어두웠고 왜 어두워졌는지 찾아보는 것이다. 흔히 우리는 인생의 어떤 시점만 바라볼 뿐, 삶을 전체로 바라보지는 못한다. 삶이 뜻대로 되지 않거나 인생의 어떤 고비를 만나면 특히 시야가 좁아져 온통 눈앞의 문제에 시선이 고정되고 만다. 이때는 인생을 펼쳐 보는 것만으로도 위안을 받거나 현재의 문제에 대한 새로운 이해의 실마리를 찾을 수 있다.

이 산맥 타기 방식은 다음과 같은 특징이 있다.

하나, 강점 자체를 찾기보다는 과거의 선명한 경험을 떠올리면서 2차적으로 그 안에 담긴 강점을 찾기 때문에 번거롭기는 하지만 강점 찾기가 용이하다.

둘, 인생을 바라보는 시야를 넓혀 준다. 과거, 현재, 미래라는 모든 시점을 공유함으로써 특정 시점에 머무르지 않고 우리 삶을 더 넓게 살펴보는 새로운 시각을 열어 준다.

셋, 부정적인 기억을 약화시키고 긍정성을 강화한다. 부정적 경험에서도 강점을 찾아봄으로써 부정적 경험에 삶의 긍정적 의미를 부여할 수 있게 된다. 이는 무의식적으로 영향을 주고 있는 부정적 기억을 약화시킬 뿐 아니라 삶에 대한 긍정적 태도를 높여준다.

산맥 타기 방법론의 적용

산맥 타기는 우리 마음에 깊이 각인된 과거 기억을 찾아 그 안에서 강점을 찾는 것이다. 이를 위해서는 편안한 시공간이 필요하며 평소보다 이완된 상태에서 기억을 더듬어가는 것이 좋다.

1단계 : 준비

1. 기억을 회고할 조용한 장소를 찾는다. 필기구와 종이를 준비한다. 모눈종이가 좋지만 그냥 하얀 종이여도 상관없다.

2. 눈을 감고 의식을 호흡에 집중하여 심호흡을 몇 분 동안 한다. 눈을 감는 이유는 우뇌를 활성화하고 외부 감각을 닫고 내면에 집중하기 위해서다. 우뇌는 시간 개념이 없고 숲을 볼 수 있게 해주기에 우리가 하고자 하는 과거 여행을 더 실감나게 도와줄 수 있다.

3. 먼저 살아 온 시간의 흐름을 시각 상징으로 그려 본다. 어떤 사람은 시간을 강물처럼 떠올리기도 하고, 또 어떤 사람은 기찻길처럼 떠올리기도 하고, 길이나 선으로 떠올리는 사람도 있다.

2단계 : 산맥 그리기(51쪽 그림 참조)

4. 시간 흐름에 따라 과거로 시간여행을 떠난다고 상상한다. 선호하는 방식에 따라 배, 기차, 타임머신 같은 이동수단을 이용해도 좋다. 흔히 기차를 많이 이용한다. 과거로 떠나는 기차에 올라타서 차창 밖 풍경을 바라본다고 상상한다.

5. 시간여행을 떠날 준비가 되었으면 기차가 출발한다고 상상한다. 차창 밖에 현재 나이를 나타내 주는 이정표가 서 있고 기차가 1년 단위의 간이역을 지나간다고 상상한다. 그 간이역을 지나면서 차창 밖으로 순간 떠오르는 장면이 있다면 무엇인지 살펴본다. 회상을 돕기 위해 나이와 함께 당시 자신의 역할을 상기시켜 본다. 예를 들어 '14살! 중학교 2학년!'이라고 회상하며 차창 밖으로 어떤

기억이 지나가는지 살펴본다. 잊지 말아야 할 사실은 그해 전체의 기억을 떠올리는 것이 아니라 먼저 떠오르는 특정 사건과 경험을 수집한다는 것이다. 그리고 그 기억 속으로 들어가는 것이 아니라 차창 밖 풍경으로 바라보고 있다고 상상하는 것이다.

6. 가장 옛 기억까지 거슬러 올라갔으면 이제 눈을 뜨고 각 나이에 해당하는 지점에 그 경험의 점수를 매겨 점으로 찍어 본다. 이후 강점 분석을 위해 표시한 점 옆에 어떤 경험이었는지 헷갈리지 않도록 핵심 단어나 간단한 설명을 기록해 둔다.

7. 각 점을 연결하여 산맥을 그려 본다.

3단계 : 분석하기

8. 자신이 그린 산맥 그림을 바탕으로 분석표(52쪽 예 참고)에 자세한 사항을 기록한다. 기억나지 않는 나이는 넘어가고 한 살씩 더해 가며 떠오르는 기억과 그 느낌을 적어본다. 그 경험이 당신에게 안겨준 의미와 긍정적 영향력, 그리고 당시에 확인된 강점이나 향후 강화된 강점이 있다면 이를 기록한다. 강점은 부록에 소개된 목록표를 참고하여 작성한다. 부정적 경험에서 긍정적 영향과 향후 발달된 강점을 찾는 일이 어렵다면 해당 경험은 평가표에 기록하지 않아도 된다.

9. 이를 종합하여 자신의 강점을 나타내는 키워드를 정리해 본다.

10. 뽑힌 키워드를 통해 강점을 연결하여 문장으로 표현한다. 강점과 자신의 특징을 버무려 강점소개서를 만든다. 자신이 지닌 독특함에 주목하면서.

상승과 하강의 기준

상승 : 무언가 성취했거나 긍정적 감정과 감각을 불러일으키는 기억

하강 : 무언가 이루어내지 못했거나 부정적 감정과 감각을 불러일으키는 기억

산맥 그리기 세부 방법

점수는 −7점에서 +7점까지 있다. 상승은 +이고 하강은 −이며, +7점은 지금껏 살아온 인생에서 최고의 전성기를 뜻하고 −7점은 가장 바닥일 때를 의미한다.

① 종이에 먼저 가로축과 세로축을 그린다. 세로축은 경험에 대한 평가 점수이고, 가로축은 나이다. 가장 오래된 기억에서 시작해서 현재로 거슬러 올라올 수도 있고, 현재에서 출발해서 가장 오랜 기억까지 내려갈 수도 있다.

② 각 나이에서 가장 먼저 떠오르는 기억에 점수를 주어 점으로 표시한다. 평점을 매기는 것에 객관적인 잣대가 있을 수 없다. 논리적으로 따지지 말고 직관에 의존하라. 다만 선명하고 실감나게 떠오를수록 높은 점수를 주어도 무방하다. 점만 찍으면 나중에 분석할 때 어떤 기억이었는지 헷갈릴 수 있으므로 점 옆에 그 기억을 연상할 수 있는 단어를 한두 개 적는다.

③ 어떤 나이에서는 아무런 경험이 떠오르지 않을 수 있다. 이때는 그냥 비워 두고 지나간다.

④ 만일 한 해에 부정적 경험과 긍정적 경험 모두 떠오른다면 시간차를 두고 점 두 개를 찍는다.

⑤ 다 기록하고 나면 시간순에 따라 점과 점을 연결해 보라. 산맥이 그려질 것이다.

⑥ 산맥을 펼쳐놓고 보면서 다음 질문에 답을 해본다.

- 낮밤의 순환처럼 인생 역시 상승과 하강의 끝없는 연속임이 보이는가?
- 봉우리를 바라본다. 내가 지닌 무엇이 내 삶을 봉우리로 만들어 주었는가?

- 골짜기를 바라본다. 내가 가진 무엇 때문에 골짜기에 빠져들었고, 또 내가 지닌 무엇으로 그 골짜기를 벗어나 다시 봉우리를 만들었는가? 그 골짜기 경험에서 배운 것은 무엇인가? 그 골짜기 경험이 있었기에 내가 오히려 겸손해지거나 지혜로워졌거나 성장할 수 있었다고 할 수 있을까?
- 내 인생의 최고봉은 지나갔는가? 앞으로 있을 것인가? 있다면 언제일까? 최고봉에서 지난 생애를 다시 한 번 바라본다.

산맥 그리기의 예

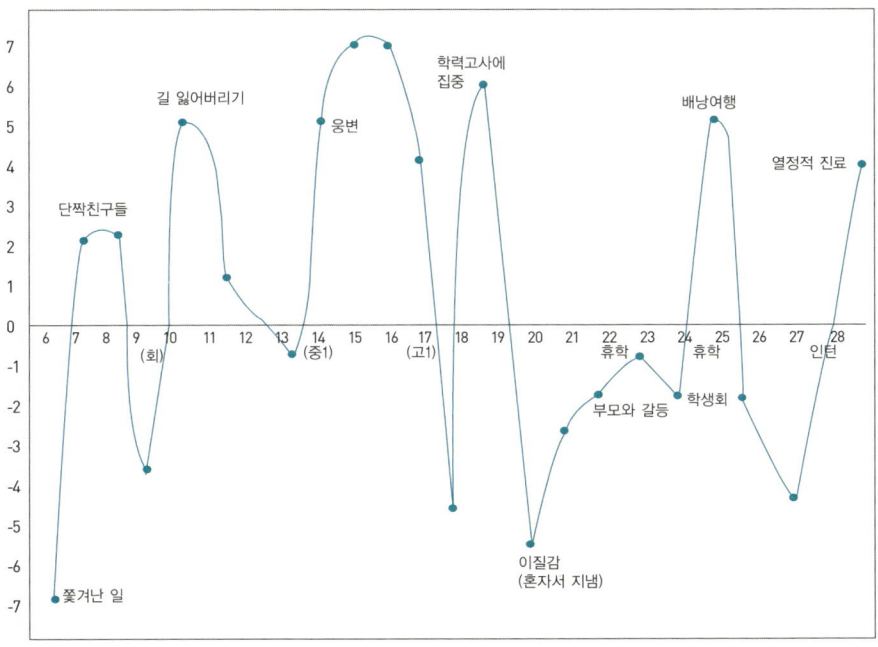

산맥 타기 분석표의 예

나이/역할	점수	경험	느낌과 긍정적 영향력	강점
6살	-7	어머니로부터 집 밖으로 쫓겨난 일	어머니에게 버림받은 느낌이었고 이후 사람에 대한 불신이 생겼다. 하지만 나는 내가 돌보아야 한다는 독립의식이 강해졌다.	독립심
10살 (초3)	+5	길 잃어버리기 게임	한 번도 가지 않은 곳까지 걸어가서 다시 집까지 찾아오는 혼자 놀기 게임의 진수였다. 조금은 무서웠지만 늘 흥미로웠다. 새로운 세상과 새로운 길에 대한 동경을 키워주었다.	도전, 독창성
14살 (중1)	+5	교내 웅변대회에 원고를 써서 나갔던 일	너무 떨리고 두려웠다. 할 수 없을 것만 같았던 일도 막상 부딪쳐 보면 생각했던 것보다 덜 끔찍하다는 것을 느꼈다.	도전, 글쓰기
15살 (중3)	+7	친구들에게 격려의 편지 쓰던 일	친구들이 나로 인해 힘을 얻는 것을 보고 기뻤다. 이후로도 누군가에게 글을 통해 격려하는 일을 계속하게 되었다.	글쓰기, 격려
29살 (레지던트 2년차)	-3	담당 환자가 퇴원 후에 자살한 일	한동안 정신과 의사로서 능력이나 자격이 부족하다고 자책하고 회피했다. 이후로는 비현실적인 증상에 대해 논리적으로 접근하기보다 격려하고 지지하는 입장을 더 취하려고 하였다.	격려

※ 실습할 때는 위 사례처럼 경험 몇 개만 옮겨 적는 것이 아니라 분석할 수 있는 것은 모두 적어 그 느낌과 영향력 그리고 강점을 찾아 기록한다.

강점 정리의 예

1) 키워드 찾기

산맥 타기 분석표를 보면서 목록에 어떤 강점들이 반복되는지 찾아 그것들을 정리해 본다.

예) 의미 추구, 글쓰기, 꼼꼼함, 분석력, 독창성, 격려 등

2) 강점소개서 작성하기

자신의 특성, 가치, 욕구 등을 기반으로 위에서 정리한 강점 목록을 잘 버무려 문장으로 표현해 본다.

① 나는 무리 속에서 맡겨진 일과 정해진 규칙을 잘 따랐지만 늘 염증을 느껴 왔다. 그래서 무리 안에서도 혼자서 남과 다른 무언가를 쓰고 만들려는 노력을 중단하지 않았다. 그 시간은 나를 기쁘게 했고 몰입할 수 있게 했다.

② 나는 혼자 하는 것을 좋아했지만 사실은 타인의 평가에 예민했기 때문에 사람들에게 다가가지 못한 것이었을 뿐이다. 오히려 내 안에는 타인에게 관심을 끌고 인정받고 싶은 욕구가 늘 강했다. 이러한 욕구는 내성적인 성격 때문에 '글'이라는 방식으로 전달되었다. 나는 글을 통해 사람들에게 힘을 주고 싶었고 내 글에서 사람들이 힘을 얻었을 때 참 기뻤다.

③ 나는 단기적 목표보다는 삶의 방향과 의미를 갈구하는 사람이다. 그렇기에 삶을 길게 바라보고 살아왔다. 그것은 미래를 설계하고 계획을 세워 살아가는 좋은 태도로 이어질 수 있었다.

| 탐험 그 후 |

나는 상담을 하는 정신과 의사이자 멘탈 트레이너로 일하고 있다. 구분이 쉽지 않지만 정신과 의사는 정신적 고통과 문제를 해결하는 일을 하고, 멘탈 트레이너는 정신적 능력을 훈련하고 향상하는 일을 한다. 일종의 투잡(two job)을 하고 있는 나를 스스로는 '멘탈 코치'라고 부른다. 내 꿈은 가정과 학교와 기업에서 우리 마음을

좀더 손쉽게 훈련하는 방법을 계발하고 보급하는 것이다. 21세기에는 생활체육처럼 생활정신훈련이 필요하다고 보기 때문이다. 이를 위해서는 자기계발, 심리학, 정신의학 등 인간의 정신 향상에 관련된 분야의 전문가들이 힘을 모아야 한다고 생각한다. 나는 이를 위해 살아갈 것이다.

사실 '정신훈련을 통합하여 생활정신훈련을 보급하는 것'이라는 과제는 내 능력을 넘어선 일이다. 하지만 혼자 힘으로 완성하는 것이 아니라 기초를 닦는 것은 나의 강점과 욕구에 잘 부합되는 일이라 생각한다. 그렇기에 나는 그 일을 통해 즐거움과 의미를 모두 맛보고 있다. 무릇 강점을 살려 무언가를 만들어가는 삶은 삶의 성취감과 행복감이 공존하는 공간이기 때문이다. 그 공간만큼은 정직하다. 노력에 대한 대가를 부여해 준다. 그 공간에서만큼은 오늘의 즐거움과 내일의 의미가 유리되지 않는다.

나는 이 책에서 '산맥 타기'라는 방법을 소개하였다. 이 방법은 그간 여러 세미나와 상담실에서 많은 분들이 먼저 만났다. 사람들은 이 작업을 통해 삶을 다시 바라본다. 과거나 현재의 문제에만 초점을 두고 지나간 불행을 원망하고 살았던 태도에 균열이 생긴 것이다. 인생을 펼쳐 보니 현재의 어려움도 결국 지나가는 삶의 한 순간이며, 그 모든 것이 성장을 위한 값진 경험임을 느끼게 된다. 다른 누군가가 아닌 바로 자신의 삶 자체가 위안이 되고 힘이 될 수 있음에 놀라워한다.

나는 이 방법을 통해 여러분 역시 삶의 양면성에 더 주목하게 되길 바란다. 만일 누군가 최고의 정밀 기술로 종이를 얇게 자른다고 해보자. 한 면만 있는 종이가 있을 수 있겠는가? 슬픔과 기쁨, 행복과 불행, 성취와 실패 등 그 대립되는 가치는 모두 서로 등을 맞대고 우리의 변화와 성장을 이끌어주고 있다. 그 안에서 우리의 강점은 담금질되어 간다.

끝으로 이 작업을 마친 분들에게 권하고 싶은 책이 있다. 보리스 시륄니크라는 정신의학자가 쓴 『불행의 놀라운 치유력』, 긍정 심리학의 창시자인 마틴 셀리그만의 『긍정 심리학』, 심리학 교수인 캐롤 드웩의 『성공의 심리학』을 추천한다.

│산맥 타기 요약│

산맥 타기란

하루에 밤낮이 있고 일 년에 사계가 있듯이 인생 역시 주기가 있다. 즉, 누구에게나 침체기가 있고 상승기가 있는 것이다. 상승과 하강은 서로 그 존재를 위한 조건으로 엮여 있으며, 끝없는 흐름으로 이어져 인생을 만든다. 그러므로 우리가 기억하는 상승과 하강 체험에는 한 개인이 지닌 욕구와 강점이 고스란히 녹아들어 있다.

산맥 타기는 자신의 기억에 있는 구체적 경험을 건져 올려 -7점부터 +7점까지 점수로 표시함으로써 인생의 연대기를 시각적으로 구성하는 방식이다. 연도별로 찍힌 각 점을 이어나가면 부정적 경험과 긍정적 경험을 오가는 거대한 산맥이 한눈에 들어온다. 그 경험을 하나씩 세밀하게 분석함으로써 자신의 강점과 내적 욕구를 찾아보는 방법이 '산맥 타기'다.

산맥 타기를 통해 얻을 수 있는 점

- 강점 발견과 함께 자신의 내적 욕구를 파악한다.
- 현재의 조명에서 과거의 고통과 불행을 바라봄으로써 삶의 양면성과 고통의 새로운 의미를 찾게 된다. 결국 현재의 어려움도 결코 지속적인 것이 아니라는 낙관성과, 문제에 대한 집착에서 벗어나 적극적으로 문제를 해결하려는 자세를 강화할 수 있다.

산맥 타기에 적합한 사람

자신의 과거를 기억할 수 있는 모든 사람

산맥 타기 절차

단 계	세부 활동	결과물
1. 산맥 그리기	연도별로 가장 먼저 떠오르는 자신의 과거 경험에 점수를 매겨 삶의 봉우리와 골짜기 표시	산맥 그림
2. 봉우리와 골짜기 탐색하기	- 봉우리 탐색을 통해 느낌, 영향, 강점 파악 - 골짜기 탐색을 통해 느낌, 영향, 강점 파악	산맥 타기 분석표
3. 강점 정리하기	자신의 강점을 정리하고 이를 통해 문장으로 자신을 표현	강점으로 '나' 드러내기

박승오

가족은 우리를 비추는 거울이다. 부모님의 모습에서 우리의 장점과 단점 그리고 기질적 특성을 확인할 수 있다. 그들은 또 다른 나이며, 나는 그들의 적당한 조합이다. 내 속에 흐르는 유전적 유산, 이것은 나를 이해하는 중요한 단서다.
가족이라는 거울을 활용하자. '나'라는 강이 흐르기 시작한 발원지(發原地)를 생각해 보자. 아버지는 어떤 분이신가? 어머니는 어떤 기질과 재능을 갖추셨는가? 두 분이 기억하는 나의 어렸을 적 모습은 어떠한가?

| 2장_두 번째 강점 발견법 | # DNA 코드 발견

가족이라는 거울에 비춰 나를 들여다보기

부모에게 물려받은 거부할 수 없는 유전적 코드는 무엇인가?
가족에게서 공통으로 발견되는 기질적 특성은 무엇인가?

••

　한 고을에 고집쟁이 아버지와 아들이 살고 있었다. 아버지의 고집이 어찌나 센지 한번 우기기 시작하면 도무지 양보를 하려 들지 않았다. 아들은 그런 아버지가 부끄럽고 싫었다. 어느 날 손님이 집에 찾아 왔다. 사랑방에서 술을 마시던 아버지가 술이 떨어지자 손님이 만류하는데도 딱 한 병만 더 마셔야 한다며 고집을 피웠다. 결국 아버지는 아들에게 술심부름을 시켰고, 아들은 투덜대며 집을 나섰다.
　시간이 한참 지났지만 아들이 오지 않았다. 걱정된 아버지는 결국 아들을 찾아 나섰다. 그런데 마을 가장자리의 한 외나무다리에 사내 두 명이 마주보고 서 있는 것을 발견했다. 자세히 보니 한 사내가 아들이었다. 둘은 서로 눈을 맞춘 채 씩씩거리며 버티고 서 있었다. 아들이 돌아오던 길에 건너편의 사내가 비켜주지 않자 둘은 그렇게 몇 시간째 서 있는 것이었다. 아버지는 꼼짝도 않고 서 있는 아들에게 버럭 소리를 지르며 말했다.
　"넌 어서 술병을 가지고 집으로 돌아가거라! 이제부턴 저 녀석이 물러설 때까지 내가 겨룰 테니까!"

부전자전!

오늘의 나를 이루는 것은 출생의 비밀과 무관하지 않다. 어른이 된 어느 날, 그토록 싫어했던 부모의 한 단면을 내가 그대로 대물림하고 있음을 깨달을 때가 있다. 스펀지에 잉크가 스며들듯 그렇게 부모의 모습을 닮아가는 것이다. 내 유전자 코드에 녹아 있는 부모의 기질적 특성을 이해할 때 비로소 우리는 자아의 보이지 않는 부분을 맞추어 낼 수 있다. 가족이라는 거울을 통해 자신이 지닌 기질과 강점을 명확하게 발견할 수 있다.

| 터닝포인트 – 하얗게 변한 세상에 홀로 앉아 |

삶이 말을 걸어올 때

IMF 구제금융 한파를 맞아 나라 전체가 추위에 떨던 1999년 겨울, 나는 통영에서 버스를 타고 대전에 있는 학교로 돌아오고 있었다. 밖은 추웠지만 유리창을 통과하는 햇볕은 여름처럼 따가웠다. 5시간 반 동안 버스를 타고 달려야 했기에 작고 낡은 커튼을 치고 잠을 청했다. 전날에도 프로젝트를 마무리하느라 밤을 새웠기에 잠은 무엇보다 달콤했다. 버스 특유의 윙윙거림 속에서 불편한 의자에 기대어 죽은 듯 잠을 잤다. 버스가 휴게소에 도착하여 깼을 때는 이미 해가 뉘엿뉘엿 넘어가는 듯 주위가 온통 붉게 느껴졌다. 한껏 기지개를 펴니 기분이 좋았다.

눈이 잘 떠지지 않았다. 피곤한 탓에 자면서 눈곱이 조금씩 새어 나와 굳어서 그런가 보다 생각하며 손을 들어 눈을 비볐다. 가시가 찌르듯 따가웠다. 손끝에 부드럽고 촉촉한 얇은 각막이 느껴졌다. 나는 내 눈알을 더듬고 있었다. 맙소사! 팔이 힘없이 의자 위로 떨어졌다. 눈은 이미 떠져 있었다. 눈을 감은 것이 아니라 앞이 보이지 않는 것이었다.

온 세상이 하얗게 변해 있었다. 순간, 주위에 아무것도 없고 나 혼자 덜렁 남겨졌다. '눈이 어떻게 된 거지? 요즘 들어 눈이 조금 침침하다는 것은 알고 있었지만 갑자기 보이지 않게 되다니? 혹시 꿈이 아닐까?' 한동안 멍하게 앉아 있다가 눈이 아주 희미하게 윤곽을 잡아내는 것을 발견했다. 꿈이 아니구나! 달리는 버스 안에서 여러 가지 생각이 복잡하게 얽혔다. 불안을 조장하는 말과 스스로 다독거리는 말이 내 안에서 오고갔다. 두려웠다. 점점 시력을 되찾아 어느 정도 걸을 수 있게 되었을 때에도 돌이키지 못할 일이 일어나고야 말 것 같은 불안이 나를 잠식해 왔다.

다음날 아침 일찍 유성온천 근처 조그마한 안과를 찾았다. 이상한 노릇이었다. 진찰을 마친 의사가 진찰료도 받지 않고 내 손에 오천 원을 쥐어 주었다. 지금 큰일 났으니 이 돈으로 바로 택시를 타고 큰 병원으로 가라는 것이었다. 한 가닥 희망은 끊어지고 가슴이 무너져 내렸다. 큰 병원으로 옮겨 한참을 기다려 진찰을 받았다. 링거병에 꽂힌 어지러워지는 주사를 맞고 있을 때 의사가 왔다. 그는 눈살을 찌푸리며 내가 곧 실명할 것이라 했다. 다급하게 내가 외쳤다.

"잠시만요! 무슨 말씀이세요. 어제까지만 해도 잘 보였다고요! 어떻게 갑자기 이런 일이 일어난단 말이에요?"

의사의 말인즉 어떤 이유로 안압이 높아져 정상인의 세 배 가까이에 이르렀고, 그로 인해 안구에서 뇌로 향하는 시신경이 심각하게 손상되었다고 했다. 이미 시신경이 90퍼센트 이상 손상되었으니 녹내장이라 불리는 이 병이 진행되어도 벌써 한참 진행되었다는 것이다.

의사가 첫 진료에서 환자에게 경각심을 유발하기 위해 과장되게 말하는 것을 나는 알고 있었다. 그럼에도 실명이라니. 어제까지 멀쩡하던 눈이 이젠 세상을 볼 수 없게 될 것이라니. 의사가 거짓말을 하는 것이 아니라면 도무지 말이 되지 않았다. 그때 나는 퀴블러-로스(Kübler-Ross)가 지적한, 불치병 판정을 받은 환자의 심리 상태 중 첫 단계인 '거부'로 정확하게 접어들고 있었다. 지방에 근무하는 젊은 레지던트의 말은 사실이 아니리라.

다음날 부모님과 함께 서울에 있는 큰 병원 두 곳을 방문했다. 의사들은 부모님에게 거만한 표정으로 아무렇지도 않은 듯 "아드님, 곧 실명하실 것 같습니다."라고 말했다. 돌아오는 버스 안에서 부모님은 허망한 표정으로 연거푸 한숨을 쉬기만 했다. 나는 눈물을 보이지 않으려고 부모님의 묻는 말에 대답 없이 다른 곳을 쳐다봐야 했다.

나는 둘째 단계인 '분노'에 도달했다. 도대체 내가 무엇을 잘못했다고! 치열하고 열심히 산 내게 신은 왜 이런 고통을 겪게 한단 말인가. 신이 미웠고 의사들이 원망스러웠고 세상이 싫었다. 오장이

뒤틀리고 요동치는 듯했다. 원망하고 떼쓰고 울지 않으면 안 되는 날들이었다.

당시 나는 KAIST 토목공학과 4학년에 다니고 있었다. 건설회사의 전문경영인이 되는 것이 꿈이었고, 그래서 건설경영(Construction management) 분야의 유학을 준비하는 착실한 학생이었다. 이틀에 하루 자기 운동, 다시 말해 당시 나는 이틀에 한 번 잠을 자는 특별한 '시간 관리'를 하고 있었다. 그리고 잠을 잘 때에도 4시간을 넘지 않고 나머지 시간은 악바리처럼 공부했다. 그래서 아침 수업에 들어가는 얼굴은 늘 부어 있었고, 눈은 벌겋게 충혈되어 있었다. 언젠가 약국에 들러 안약을 산 적이 있는데 아침 등굣길에 넣어 주니 눈이 시원하고 충혈기가 금세 가라앉았다. 효과가 좋은 것 같아 한 학기 내내 안약을 달고 살았다. '스테로이드 녹내장', 그것이 내 병명이었다. 몇 달간 넣은 안약이 화근이었다. 마이신을 함유한 독한 물질이어서 내 눈과 궁합이 잘 맞지 않아 안압이 높아진 것이었다.

'혹시나 좋아지지 않을까'라든가 '이 모든 것이 꿈이 아닐까' 하는 기대감을 버리기 힘들었다. 하지만 스스로 근거 없는 희망을 만들어 낼수록 아침에 눈을 뜨기가 힘겨웠다. 군데군데 뿌옇게 변해 버린 세상 속에서 나는 삶을 조금씩 포기해 가고 있었다. 이제 내 인생은 끝났구나. 어제는 그토록 달콤하고 멋져 보이던 목표들이 오늘은 내게 줄 것이 아무것도 없었다. 늑골이 시리고 갈빗대가 시옷 자로 갈라진 명치가 휑하니 느껴졌다. 텅 빈 방안이 점점 어두워지고 책상 위에 켜 둔 스탠드 불빛을 바라볼 때면 눈물이 주체하기 힘들 정도로 흘러나왔다. 그렇게 여섯 달, 슬픔을 껴안고 지내야 했다.

시간이 흘렀다. 절망이 바닥을 치고 나니 궁금증 하나가 마음속에 자리 잡았다. 원망으로 시작된 이 질문은 여러 번의 체념을 거쳐 순수한 궁금함으로 밀려왔다. '진실로 내가 왜 이렇게 되었을까? 나는 무엇을 모르고 있었던가? 신이 이것을 통해 내게 보내는 메시지는 무엇인가?' 이후 이 질문에 대한 답을 찾아가는 여정은 내 인생을 천천히 그리고 통째로 바꾸어 놓았다.

내가 겨눈 과녁은 누구의 것인가

아테네 올림픽에서 있었던 일이 기억에 떠오른다. 그날은 올림픽 사격 남자 50미터 소총 3자세 결승전이 있는 날이었다. 총 10발의 탄환 중 마지막 한 발을 남겨둔 상황이었다. 유력한 금메달 후보는 미국의 매튜 에먼스. 그는 9발째까지 2위 중국의 지아장보를 무려 3.0점 차이로 앞서며 저 멀리 달려가고 있었다. 마지막 한 발. 모든 관중의 시선이 그의 손가락 끝에 집중되었다.

'탕!'

총알은 보기 좋게 과녁 한복판을 뚫었다. 10점! 순간 그는 자리에서 벌떡 일어서서 관중을 향해 팔을 높이 올려 승리의 인사를 했다. 관중은 열광했다. 그러나 이상하게도 전광판에는 점수가 나오지 않았다. 관중이 웅성거리기 시작했다. 잠시 후 심판의 깃발이 올라갔고, 전광판에는 0점이 표시되었다. 에먼스는 심판에게 "어떻게 된 거냐"고 따져 물었다. 심판은 "당신 총알은 옆에 서 있는 크리스티안

플라너의 표적을 통과했다."고 대답했다. 에먼스가 겨눈 것은 옆 동료의 과녁이었다. 결국 1등이던 그의 성적은 꼴찌인 8위로 바뀌었다.

내가 겨눈 과녁에 대해 생각하게 하는 장면이었다. 나는 그때까지 나 자신이 되려 하기보다는 다른 사람이 되려고 하고 있었다. 형은 천재였다. 전교 1등을 하면 학비를 면제해 주는 중학교에서 3년 내내 돈 한 푼 내지 않고 학교를 다닐 정도였으니. 나는 성적이 신통치 않았지만 대신 운동을 잘했다. 그러나 부모님을 찾아오는 모든 손님이 늘 형 이야기를 했기 때문에 나는 집안에서 주변인처럼 느껴졌다. 아무리 어릴 때라도 주위 사람들의 기대를 모를 수는 없었다. 열등감은 형이 과학고등학교를 거쳐 KAIST에 입학했을 때 극에 달했다.

나는 형에게 어울릴 만한 동생이 되고 싶었다. 형에 뒤처지지 않는 아들로 부모님께 인정받고 싶었다. 그리고 어느 순간, 나라고 왜 형처럼 못 되겠는가 하는 마음이 강하게 들었다. 그것은 마하트마 간디가 젊은 시절 메타브라는 친구에게 느낀 감정과 흡사했다. 몸이 건장하고 튼튼했으며 빨리 달리기와 높이뛰기, 멀리뛰기 선수였던 그 친구와의 교제 초기를 간디는 자서전에서 이렇게 묘사했다.

"사람이란 제게 없는 재주를 남이 지닌 것을 볼 때에는 언제나 현혹되는 법이라, 나는 이 친구의 재주에 현혹되었다. 그렇게 되니, 그 다음 나도 그와 같이 되자는 욕망이 강하게 일어났다. 나는 뛸 줄도 달릴 줄도 몰랐다. 그러나 나라고 그와 같이 못한다는 법이 어디 있겠는가?"

그러나 그 친구와의 만남은 간디의 일생에서 큰 비극이었다. 그는 이 친구의 영향으로 육식과 음주, 흡연을 시작하고, 아내를 의심하고, 사창가를 드나들게 된다.

나 또한 마찬가지였다. 그때까지 나를 끌고 온 원동력이 형에 대한 경쟁심과 열등감이었음을 인정하지 않을 수 없었다. 나는 형이 되고 싶었다. 그 재주가 부러웠다. 형에 뒤처지지 않는 아들로 부모님께 인정받고 싶었고, 다른 사람들 앞에서 부끄럽고 싶지 않았다. 형처럼 분석하고 연구하는 것에 재능이 있기를 간절히 바랐다. 그러나 그것은 내 고유의 것이 아니었다. 형과 닮으려고 하면서부터 내가 성장한다고 생각하고 있었으나, 나는 형의 과녁에 겨누어 10점에 맞추려고 안간힘을 쓰고 있었다. 그것이 발단이었다. 엘리트들 틈에서 나는 언제나 혼자 노력파처럼 느껴졌다. 나는 무리하기 시작했고 이틀에 하루만 자게 되었다. 안약을 넣었고 결국 모든 것이 허망하게 되었다. '나라고 왜 못하겠는가?'라는 질문은 힘을 불끈 솟게 하는 말이었지만, 긴 시간의 관점으로 보면 아주 위험할 수 있는 말이었다.

이것이 내 질문('내가 왜 이렇게 되었을까?')에 대해 지금껏 내가 찾은 답이다. 나는 내가 아닌 다른 이가 되려 하고 있었다. 그리하여 본래 태어난 모습대로의 나를 잊고 있었다. 나는 내가 무엇을 잘할 수 있는지 질문하지 않았다.

나는 삶에서 무엇을 이루려 하기 전에, 삶이 나를 통해 무엇을 이루고자 하는지에 먼저 귀를 기울여야 한다는 것을 알게 되었다. 나는 늘 "내가 해야 할 일은 무엇인가?"라고 묻고 있었다. 그러나 그에 앞서 "나는 누구인가? 나는 무엇을 잘하는가? 신이 내게 숨겨놓은 것은 무엇인가?"라고 먼저 물어보았어야 했다.

답을 구하는 것은 쉽지 않은 일일 것이다. 그러나 라이너 마리아 릴케의 말은 우리에게 용기를 준다.

"우리가 인생에서 중요한 질문 한 가지를 마음속에 품고 살아가면, 언젠가 그 질문의 답 속에 살고 있는 우리 스스로와 만나게 될 것이다."

나의 DNA 코드를 찾아서

두 개의 거울

머리숱이 적은 아버지를 닮아 나도 이마가 훤하고 머리카락이 잘 빠지는 편이다. 주변머리는 있고 소갈머리는 없는 사람으로 크려는지 가마 주위부터 빠진다. 그런 탓에 자주 거울을 요리조리 돌려가며 머리꼭지를 들여다보곤 한다. 내가 든 거울과 걸려 있는 거울, 두 거울을 통해 '잘 보이지 않는 부분'을 볼 수 있는 것이다.

내면을 보는 방법도 마찬가지가 아닐까? 자기 재능의 구석진 부분을 보는 데에도 거울이 두 개 필요하다. 하나는 내 의식이라는 거울이다. 또 하나는 나와 비슷한 다른 사람이라는 거울이다. 그들은 대개 우리와 너무 가까이 있어 눈여겨보지 않는 사람들, 즉 우리의 가족이다.

영화 〈로드 투 퍼디션(Road to Perdition)〉에는 아주 느리게 흐르는 아버지와 아들의 대화가 나온다.

아들 물어보고 싶은 게 있어요. 형을 더 좋아하죠?
아버지 그렇게 생각하니?
아들 네, 나와 다르게 대한다고 생각했어요.
아버지 형보다 네가 나를 더 닮았다. 그래서 그렇게 대한 것 같다.

'나를 더 닮았다는 것'. 그것이 모든 아버지의 희망이고 절망이다. 아이들 속에서 자신과 닮은 기질적 결핍을 보았을 때, 부모들은 애타는 것이다. 거꾸로, 과거에 흉을 보던 부모의 모습이 크면서 내 안에 들어앉은 것을 볼 때 또 얼마나 안타까웠던가. 유전적 연결만큼이나 운명적인 것이 또 있던가. 그러므로 가족은 우리를 비추는 거울이다. 부모를 보면 그들 속에서 우리의 장점과 단점 그리고 기질적 특성을 확인할 수 있다. DNA 속의 '코드'를 감지할 수 있는 것이다. 가족은 또 다른 나이며, 나는 그들의 적당한 조합이다. 내 속에 흐르는 유전적 유산, 이것은 나를 이해하는 중요한 단서다.

가족이라는 거울을 활용하자. '나'라는 강이 흐르기 시작한 발원지(發原地)를 생각해 보자. 아버지는 어떤 분이신가? 어머니는 어떤 기질과 재능을 갖추셨는가? 두 분이 기억하는 나의 어렸을 적 모습은 어떠한가? 내 자식은 어떠한가? 나의 형제는?

당연한 듯 흘려보냈을 가족에 대한 기억

초등학교 시절, 내가 기억하는 아버지는 말수가 적은 남편이었다. 경상도 남자와 서울 여자가 만났으니 어머니의 불만이 오죽하셨으랴. 어느 날 밤 어머니는 일주일마다 나가시는 다회(茶會)에 어김없이 다녀오셨다. 그런데 시간이 꽤나 늦었던 모양이다. 문을 쾅쾅 두드리는 소리와 아버지의 호통소리가 들려왔다. 나는 그 소리에 놀라 어두운 방 안에서 눈을 비비고 일어나 앉았다. 아버지는 무척 화가 나 있었다. 아버지는 평소엔 조용조용, 사근사근 하다가도 가끔 그렇게 무척 화를 내곤 하셨다. 크게 소리치는 아버지의 모습이 낯설게 느껴졌다. 앉은 자리에서 나는 훌쩍거리기 시작했고, 형은 언제 깼는지 벽에 기대어 팔짱을 낀 채 아버지를 싸늘히 응시하며 앉아 있었다. 결국, 늦게 돌아오신 어머니는 그날 계단에서 한 시간이나 문이 열리길 기다려야 했다. 아버지는 성격이 불같고 역정을 자주 내는 편이었다. 무엇이든 시간에 딱딱 맞추지 못하는 어머니는 늘 핀잔의 대상이었다.

따지고 보면 명백히 그것은 아버지의 잘못이 아니다. 내가 기억하는 할아버지 역시 화를 주체하지 못하는 분이셨다. 증조할아버지도 그러셨다 하니, 아버지 당신도 어쩔 수 없는 유전의 굴레를 벗어나지 못한 탓이다. 그 굴레의 자취 끝에 서 있는 나 역시 평소엔 친근한 성격이지만, 계획대로 일이 진행되지 않거나 피곤할 때는 버럭 짜증을 내 버리곤 한다. 예전 여자친구는 내게 '화가 나면 딴 사람으로 돌변한다'고 불만을 토로하기도 했다. 어머니께서 아버지께 늘 말씀하셨던 내용과 꼭 맞아떨어지는 말이라 섬뜩했다.

　내게도 같은 모습이 있다는 것을 받아들이면서 보이지 않던 것들이 보이기 시작했다. 아버지를 그제야 조금 이해할 수 있었다. 그리고 나아가, 동전의 양면처럼 아버지의 화 이면에는 누구보다 애틋한 감정이 숨어 있다는 것도 알게 되었다. 아버지에 관한 다른 기억은 어머니 옷장에서 발견한 아버지의 편지들이었다. 꽤나 두껍게 쌓여 있던 하얀색 편지 봉투들. 매년 서너 번씩 아버지는 특별한 날이 아닌데도 어머니께 따뜻한 편지를 쓰고 계셨던 것이다. 돌이켜보면, 아버지는 표현이 지나쳐 화를 내실 때도 있었지만, 따뜻한 감정 역시 표현하는 데 주저하지 않으셨다. 아버지는 다만 '표현력이 강한 사람'일 뿐이다.

　독자 여러분은 아는가? 지금 나는 아버지 모습을 묘사하면서 그 속에서 내 모습을 발견하고는 놀라고 있다. 나 또한 표현하는 것에 거침이 없다. 다시 여자친구 이야기로 돌아가서 이야기하자면, 나 역시 그녀에게 프러포즈한 방법이 아버지처럼 편지 쓰기였다. 당시 남자친구를 사귀어 본 적이 없어 두려워하던 여자친구에게 나는 이렇게 썼다.

> 세속적이지 않은, 순수하게 꿈꾸고 매일 기도하고 노력하는 사람을 만나게 해달라고 기도했었다. 그리고 이제 그대가 내가 오랫동안 원해 왔던 사람이라는 것을 안다. 감탄할 수밖에 없는 일이다.
> 넌 가슴이 뛰는 일을 선택하라고 했다. 그리고 난 너를 보면 가슴이 뛴다.

> 쿵쾅거리며 미칠 듯이 뛰는 게 아니라 차분하지만 지속적으로, 아주 힘차게 뛴다. 세상에 이런 사람이 있다는 것에 신께 감사하지 않을 수 없다. 나는 네가 좋다. 그래서 난 두려워하지 않을 거다. 한 번도 상처받지 않은 것처럼, 누구도 사랑해 보지 않은 것처럼, 아무것도 아파할 것이 없는 것처럼, 살고 싶은 대로, 사랑하고 싶은 대로 사랑할 거다.
>
> 우리 사귀자.
>
> 죽어도 좋을 만큼 사랑하자.

이 편지는 만난 지 4일째 되던 날에 쓴 것이다. 놀랍지 않은가? 나는 아버지처럼 감정을 표현하는 데 주저함이 없다. '사랑한다, 고맙다, 미안하다'는 말은 내 일상의 일부다. 감정이 풍부하고 표현력이 좋은 것은 내가 아버지에게 물려받은 기질이다. 가끔 화내고 짜증을 부릴지언정 나는 풍부한 감성으로 사람을 감동시킬 줄 알고 또 그 일을 좋아한다. 힘들어하는 친구를 위해 몰래 회사 앞에서 기다려 편지를 전하고, 생일을 맞은 친구를 위해 며칠 밤을 새워 그 친구 얼굴로 도배된 동영상을 만든다. 이러한 감성적 표현력이 아버지에게 물려받은 타고난 기질인 듯하다.

이렇듯 우리의 DNA 속에는 거부할 수 없는 단서들이 숨겨져 있다. 그것들을 찾아내고 개념화하여 활용하는 것은 우리의 '생의 책임'이다. 혼자 시간을 내어 조용한 곳으로 가자. 그리고 노트를 한 권 꺼내어 가족에 관한 펄떡거리는 기억을 건져 보자. 그리고 그 숨이 멎기 전에 재빨리 기록해 두자. 부모님의 특성을 반영하는 극적인 장면은 어떠한 것인가? 당신들이 빛나 보이는 때는 언제였는가? 때로 내 부모가 아니라고 거부하고 싶었던 기억은 무엇인가?

  부모님에 대한 기억이 좋은 것이 아니라도 걱정하지 말자. 약점 뒤에는 대개 강점이 있기 마련이다. 소심함이 적당하면 세심함이 되고, 다혈질이 넘치지 않으면 도전 의식이 되는 것이다. 내 DNA 속의 특성을 알고 인정하여 좋은 방향으로 이용하면 되는 것이다. 생각나는 대로 부모님을 제3자의 눈으로 관찰하여 기술해 보자. 그것이 부끄러운 기억이든 주눅 들게 하거나 거부하게 하는 기억이든, 생생한 장면, 말 한마디를 놓치지 마라. 다음 질문에 대답해 보자.

① 머릿속으로 영화를 돌리듯 과거를 회상하며 가족과 관련하여 떠오르는 장면들을 기록해 보자. 그들의 어떤 모습이 기억을 떠나지 않는가? 자랑스러운 모습은 무엇인가? 또한 부끄러운 기억은 어떤 것인가?

② 그들의 모습과 비슷한 내 모습이 있는가? 내 안의 그들이 보이는가? 있다면 적어 보자.

③ 그것이 내게 의미하는 것은 무엇인가? 나는 어떤 기질을 그들로부터 물려받았는가? 그것을 긍정적으로 활용하면 어떤 강점이 되겠는가?

④ 장면을 떠올리면서 궁금하거나 확인하고 싶은 것들이 많을 것이다. 메모해 보자.

아버지에 대하여 생각나는 또 하나의 장면도 '편지'와 관련된 것이다. 떠올리면 늘 울컥하고 가슴 한편이 젖는 아버지의 편지를 나는 늘 지니고 다닌다.

앞서 말했듯, 눈을 다친 이후로 내 인생은 많이 달라졌다. 나는 내 과녁을 찾고 싶었다. 그리고 여러 날의 실험과 모색 끝에 나는 교육과 관련한 일을 하는 것이 내 길이라고 확신하게 되었다. 내가 하고 싶고 또한 잘하는 일이었기 때문이었다. 나는 청년들이 나와 같은 실수를 반복하지 않도록, 자신의 명확한 방향을 찾을 수 있도록 돕고 싶었다.

교육 쪽 일을 구체적으로 알아보기 위해 여러 곳을 검색하던 끝에 '카네기 연구소'라는 리더십 교육기관을 알게 되었다. 하지만 결정을 내려야 하는 순간 정작 내 발목을 잡은 것은 전공과는 무관한 분야라거나, 학벌과 어울리지 않는 조그만 회사라거나 하는 것이 아니었다.

무엇보다 부모님이 걱정되었다. 아들 둘을 '영재'로 키우신 것에 대한 자부심이 큰 분들이었다. 대학교 때 누가 묻지도 않았는데 "우리 아들 KAIST 나왔어요."라고 자랑하는 부모님께 그러지 마시라고, 민망하다고 짜증을 부린 적이 한두 번이 아니었다. 그런 분들이 아들의 이런 결심을 이해하실까? 말씀 드리러 집에 내려가기가 두려웠다. 그러던 중 우연히 다이어리를 뒤적거리다 언젠가 아버지께서 적어 주신 편지를 보게 되었다.

승오에게.

벌써 아버지의 건강을 걱정하는 成年이 된 승오.

고맙다. 가벼운 마음으로 글을 쓰고 싶지만 왜 조급하고 걱정이 많은지?

(중략)

아버지는 근래 뫼과 승오의 자신감을 표현하는 태도와 행동을 보면서, 가슴 뿌듯한 느낌과 작은 성취감을 감지하고 있단다. 걱정스러움도 있다. 그러나 이것은 단지 노파심일 것이다.

아버지의 바람이라면 조금 어려운 경제 사정이라도, 정말 하고 싶은 일을, 계획된 일을 재미있게, 시간은 넉넉하게, 하면서 살아가거라. # 다만, 말년에 아버지가 보여준 조급함은 금기시하면서 #

울보. 박승오 씨.

아빠는 느끼고 있어! 박승오의 마음 쏨쏨이를!

건강과 엄마에 대한 배려와 보살핌. 아빠의 차기 계획은 잘 이루어지리라 믿고 참을게!

꿈은 반드시 이루어진단다.

표현력의 부족함을 새삼 느끼면서 아버지는 뫼과 승오의 기본을 감지하고 충분한 능력을 인정하게 되어 기분이 대단히 좋아!

승오야!

크게 경제적으로 도움을 주지 못해 미안하구나.

가능한 것이라면 언제든지 연락하고. 건강하여라.

2004. 10. 15.
아빠가

이 편지를 다시 읽으며 펑펑 울었다. 눈에 커다란 구멍이 난 듯 눈물이 그치지 않았다. '경제적으로 부족해도 하고 싶은 것을 하거라' 아버지는 입버릇처럼 그렇게 말씀하셨다. 그리고 나는 그걸 잊고 있었다. 당연한 것인 양 흘려듣고 있었던 것이다. 안타깝고 후회스러우면서도 그제야 내 결심을 부모님께 말씀드릴 용기가 생겼다. 며칠 후 천안으로 내려가 모든 것을 말씀드렸다. 힘드시더라도 딱 2년만 아들이 하는 것을 믿어 달라고 간청했다. 부모님은 걱정은 되지만 믿어 주시는 쪽으로 기우는 것 같았다. 감사하고 기뻤다. 다음 날 카네기 연구소로 이력서를 검토해 달라는 전화를 했다. 그리고 이메일 전송 버튼을 눌렀다.

이렇게 아버지는 늘 마음을 편지로 전했다. 어렸을 적에는 왜 직접 말하지 않으시는지 이해가 잘 가지 않았다. 이제는 알 것 같다. 나 역시 말보다 글이 편하다. 그 이유는 말로 하다가 감정 폭발로 상대에게 상처를 줄까 하는 두려움 때문일 수도 있고, 글을 쓰는 것이 편하기 때문일 수도 있다. 어쨌든 글로 만난 아버지는 늘 마음이 편안했고, 편지는 표현이 거창하진 않았지만 진중하고 사려 깊은 마음이 배어들어 있었다. 엔지니어로 반생을 살아온 아버지의 또 다른 재능이었다. 그리고 그것은 내게도 전해져 내려왔으리라. 나 역시 글 쓰는 스타일이 사색적이고 진중하다.

어머니는 어떤가? 무뚝뚝하지만 내면이 깊고 감성적인 아버지와는 달리, 어머니는 말수가 다소 많고 다정다감한 상담가의 모습이다. 정이 많고 이해심이 풍부하여 내가 집에 내려가면 몇 시간이고 앉아서 이야기를 들어주신다. 사실 내 연애와 관련한 내용까지도 서슴없이 이야기하는 편이니 평범한 아들과 어머니의 대화는 아니라 하겠다. 떨어져 지내는 우리는 가끔 인터넷 메신저를 통해 대화한다. 나는 주로 이야기하고 어머니는 편안하게 들어주고, 맞장구를 치며 공감해 주고, 질문을 통해 대화를 이끌어 가신다. 예전에는 그것이 원래 어머니와 아들 간의 자연스러운 모습이라 생각했다. 그런데 친구의 이야기를 통해 그것이 평범치 않음을 알게 되었다. 어머니와 나 사이의 이러한 모습은 어머니의 공감력 덕분이다. 어머니와 메신저로 나눈 이야기를 가끔 저장해 두곤 한다.

> **엄마** 고민 있다더니, 예끼 고약한지고!!!
> **승오** ㅎㅎ 고민은 고민이지...... 가슴이 아프다 엄마.
> **엄마** 가슴이 왜 아파?
> **승오** 그 친구가 남자친구랑 헤어진 지 얼마 안 돼서.. 내가 좋긴 한데 아직 확신이 없나 봐요.
> **엄마** ......
> **승오** 예전 남자친구도 아직 정리가 안 됐고, 그냥 두 남자 사이에서 숨 쉴 틈이 없어 힘든가 봐
> **엄마** 그럼 때가 아니네
> **승오** 그래서 추석 전에 메시지 보냈더라구.. 시간 좀 달라구
> **엄마** 시간 줘
> **승오** 글치.. 근데 엄마, 여자는 너무 잘해주기만 하면 안 돼?

엄마 안 된대

승오 딴 사람 의견 말고, 엄만 어떻게 생각해? 다 받아주면 안 되는 거야?

엄마 사람 따라 다르지

승오 음.... 여자가 시간을 달라고 하면.. 시간을 주고 그냥 기다리면 되나? 오늘 오랜만에 연락이 왔는데.. 무심결에 차갑게 대해 버렸어

엄마 그래야지. 지금 네가 대쉬할 때가 아냐

승오 ㅎㅎㅎ 그런 거야?

엄마 당근

승오 아 진짜 어렵다

엄마 기분 안 나쁘냐? 다른 남자랑 헤어진 지 얼마 안 됐는데..

승오 뭐가 나빠? 나는 지금까지 여자친구 얼마나 많았는데

엄마 시간상으로.. 아직도 마음 정리 못했으면 더구나.. 네가 정 사귀고 싶으면 그애에게 정리할 시간을 줘야지

승오 그렇지?

엄마 승오답지 않네

승오 음.. 나다운 게 뭔데?

엄마 여유, 그리고 느긋함~~

승오 아이고, 왜 이러셔.. 내가 무슨 여유가 있다고.. 엄마 아들 항상 바쁘다우

엄마 바쁜 거와 여유 없는 건 다르지

승오 음..

엄마 승오는 어떤 사람이 좋아?

> **승오** 나는…. 함께 성장하고, 함께 꿈을 향해 나아가는 사람이 좋아. 좀 이상하지?
>
> **엄마** 음…알았어
>
> **승오** 괜찮은 사람 주위에 많지만.. 그냥 평범한 가정을 만드는 건 싫어
>
> **엄마** 네 말이 맞을지도 몰라
>
> **승오** 난 존경할 만한 사람을 만나고 싶어요.. 지나친 욕심인가? 어느 한 부분에서 내가 동경을 넘어 존경할 수 있을 만한 사람
>
> **엄마** 맞아. 엄마도 승오는 좀 튀는 삶을 살았으면 싶다
>
> **승오** 우와~~~ 울 엄마 최고! 난 그냥 좋은 삶이 훌륭한 삶의 가장 큰 적이라는 걸 믿어요. 그냥 그게 내 삶의 모토 같아
>
> **엄마** 그렇다면.. 아직도 시간은 아니 기회는 많지 않나? 이제 걸음마 단계이니 너무 초조해하지 말고 넓게 보았으면 싶다
>
> **승오** 네 무슨 말인지 알죠. 넓게 봐야죠. ㅎㅎㅎ 울 엄마 되게 멋있네. 좋다. 엄마랑 이야기하니까

가끔 통 소식이 없던 친구들에게서 전화가 온다. 주로 연애 문제를 상담해 달라는 전화다. 솔직히 말해, 연애와 관련해서는 나 스스로도 부족함을 알고 있기에 거절하는 편이지만 그래도 막무가내인 경우도 있다. 나와 이야기하면 편안하다는 것이다. 나도 답을 모르건만, 그저 들어주는 것만으로 그들은 편안하게 이야기하고, 때로는 울먹거리며 한참을 이야기하다가 '이제 어떻게 해야 할지 알겠다'며 전화를 끊는다. 나는 좋은 상담이란 누군가의 고통을 '고치겠다'고

덤비는 것이 아님을 자연스럽게 알고 있다. 나로서는 그 사람의 고통 가장자리에 그저 공손하게 서 있는 것, 함께 고통 받음으로써 그 사람에게 힘을 주는 것이 힘들거나 어색하지 않다. 나는 듣는 것이 불편하지 않다. '오호, 아, 그렇구나' 등의 표현은 내게 자연스럽다. 의심할 여지없이 이것은 어머니의 다정한 유산이다.

그들을 인터뷰하라

가족의 특성이 드러나는 장면들을 떠올려 적다 보면 궁금한 것이 많을 것이다. 아버지는 그때 왜 그랬을까? 어떻게 그런 직업을 선택했던 것일까? 어머니의 가치관을 형성한 배경은 어떤가? 선조들은 대대로 어떤 일들을 하고 살았는가? DNA를 따라 기질을 추적하다 보면 궁금증이 더욱 많아질 것이다.

그때는 가족에게 심층 인터뷰(inner-view)를 신청해 보자. 세 가지 질문을 통해 그들의 내면(inner)을 들여다보는(view) 것이다. 이것은 인터뷰어들이 주로 사용하는 방법으로 사람의 깊은 곳을 들여다보게 도와준다. 질문 시에는 네/아니오로 대답할 수 없는 열린 질문(open question)을 하는 것이 중요하다. 다음 가이드라인(81쪽 참고)을 인터뷰 시 참고하길 바란다. 현재 부모님과 허심탄회하게 이야기하기 불편하거나 가족과 멀리 떨어져 있어서 말로 인터뷰하기 어려운 상황일 때에는 편지나 이메일을 이용하는 것도 좋다. 특히 편지는 '참견하려고 안달이 난 우리 혀'를 붙잡아 둘 수 있다는 장점이 있다. 그러나 편지를 쓸 때에는 오해가 없도록 구체적으로 질문하자.

부모님을 인터뷰할 때, 하시는 말씀이 점점 샛길로 빠지면서 장황해지는 경우를 흔히 보게 될 것이다. 그만큼 그분들은 얘기를 들어줄 사람이 필요하며 외로우시다는 것이다. 우리가 언제 한번이라도 진득이 앉아 그분들 말씀에 귀를 기울인 적이 있었던가! 심층 인터뷰는 내 강점을 알기 위해서가 아니더라도 부모님을 위해 꼭 한번 해보길 권한다. 아마도 부모님은 놀라고 또 기뻐하실 것이다.

심층 인터뷰 가이드라인

심층 인터뷰의 세 단계 질문은 다음과 같다.

① 사실 질문 : 기억하고 있는 사실은 무엇인가?

이것은 중요한 사실을 확인하게 할 뿐 아니라 인터뷰를 당하는 가족의 어색함을 덜어 준다. 면도하기 전 크림을 듬뿍 바르듯, 옛일을 편안히 회상하게 함으로써 거부감을 줄이고 인터뷰 분위기를 부드럽게 끌고 갈 수 있다.

- 어렸을 때 기억에 남는 장면들은 무엇인가?
- 젊었을 때 어디에서 살았는가?
- 어렸을 때에는 이루고 싶은 것이 무엇이었는가?
- 결혼 프러포즈는 어떻게 했는가?
- 아이는 처음에 몇을 낳기로 계획했는가?

② 원인 질문 : '왜' 또는 '어떻게' 그렇게 하게 되었는가?

'왜?'만큼 강한 힘을 가진 말은 없다. 앞서 파악된 사실에 '왜' 또는 '어떻게'를 붙여 질문해 보자. 이 질문을 통해 그는 자신을 돌아보며, 일상의 무던함에 마음을 열고 대화하게 될 것이다. 따지거나 취조하듯 묻지 말고 자연스럽고 부드럽게 물어보아야 한다.

- 왜 그 장면이 기억나는 것 같은가, 어떤 의미가 있는가?
- 왜 그곳에서 살다가 옮겨오게 되었는가?
- 왜 그 꿈을 이루고 싶었는가?
- 어떻게 직장을 그만두고 사업을 하게 되었는가?
- 왜 어머니(혹은 아버지)와 결혼했는가?

③ **기질 질문 : 어떤 기질로 그렇게 생각하게 되었는가?**
앞의 원인 질문에서 파악된 특징을 기질로 뽑아내 보자.
- 그 상황에서 발휘된 당신의 성격은 무엇인가, 어떤 기질이 있는 것 같은가?
- 살아가면서 무엇이 가장 중요하다고 생각하는가?
- 롤모델로 삼고 있는 사람은 누구였는가, 또 그와 당신은 어떤 공통점을 가졌는가?
- 살아오면서 당신이 잘한다고 생각한 것은 구체적으로 무엇인가?
- 주로 어떤 칭찬을 들어 왔는가

부모님이 흘려보냈을 나의 모습

미국의 존경받는 교육 지도자이자 '선생의 선생'이라 불리는 파커 파머(Paker J. Palmer)는 어린 손녀딸의 모습을 보며 이렇게 말했다.

우리 모두 어떤 재능을 선물 받고 이 땅에 태어났다는 사실이 못내 의심스럽다면 갓난아기나 아주 어린 아이를 잘 살펴보라. …… 하루하루 세상에서 처음 맞이하는 나날을 보내는 손녀를 보면서, 나는 오십 줄에 접어든 할아버지가 되어서야 이십대 아버지일 때에는 미처 보지 못했던 어떤 진실을 볼 수 있었다. 내 손녀는 이럴 수도 있고 저럴 수도 있는 사람이 아니라 바로 '이런' 존재로 이 땅에 온 것이었다! 갓난아기인 손녀딸의 모습에서 나는 날 때부터 아이 내면에 심겨 있는 성향과 기질을 관찰하기 시작했다. …… 나는 내가 관찰한 내용들을 편지에 적어놓고 있다. 손녀딸이 스무 살이 될 즈음에 이 편지를 보낼 것이다.

- 파커 파머, 『삶이 내게 말을 걸어 올 때』

우리가 자신을 바로 알기 위해 필요한 또 한 가지는 '타고난 재능'과 '경험과 학습을 통해 얻은 것'을 구별하는 것이다. 인간은 적응이 뛰어난 동물이기 때문에 자신에게 부족한 부분을 채우는 일에 빠르게 반응한다. 문제는 연습만으로 계속해서 완벽에 가까운 수행 능력을 보일 수 있느냐다. 당연히 연습만으로 완벽함을 만들 수 없다.

뇌의 성장 과정을 살펴봄으로써 이러한 재능에 관한 사실을 확인할 수 있다. 비밀은 시냅스(synapse)에 있다. 시냅스란 뇌 세포(뉴런)끼리 정보를 주고받기 위해 세포 사이를 연결하는 줄이라고 생각하면 된다. 그리고 뇌 세포가 어떤 모양으로 연결되어 있는지에 따라서, 즉 시냅스의 형태에 따라 우리의 무의식적인 행동과 사고 패턴이 정해진다.

이렇게 생각해 보자. 어렸을 적 부모님께서 '만능 키트'라 불리는 재미있는 장난감을 사 주셨다. 스피커와 볼륨 조절기, 안테나, 전원

스위치 등이 붙어 있는 판 모양의 회로에 '레고'처럼 갖가지 기능을 하는 작은 블록들을 꽂는 장난감이었다. 회로판에 블록을 어떤 모양으로 조립하느냐에 만능 키트는 따라 라디오가 되기도 하고, 사이렌 소리를 내기도 하고, 랜턴처럼 불을 비출 수도 있고, 모스 부호를 보낼 수도 있다. 즉, 블록들이 연결된 모양에 따라 그 용도가 결정되는 것이다. 시냅스는 이러한 작은 블록들의 연결과 같다. 연결된 모양에 따라 우리의 무의식적 행동과 생각의 패턴이 결정된다. 더욱 간단히 표현하면, 시냅스의 형태는 재능을 결정한다.

사람은 뇌 세포를 천억 개 정도 가지고 태어나며, 세 살 무렵이 되면 세포 하나는 각각 1만 5천 개씩의 연결을 만든다. 하지만 그때 이상한 일이 벌어진다. 어떤 이유에서인지 실타래처럼 복잡하게 엮인 시냅스들이 끊어지기 시작하는 것이다. 세 살부터 십대 중반까지 인체는 그동안 정성들여 엮은 수십억 개의 시냅스를 잃어버리고 만다. 더욱 나쁜 소식은 한번 끊어진 시냅스가 두 번 다시 회복되지 못한다는 것이다. 그리하여 뇌 회로의 모양은 10대 중반을 넘어서면 거의 변하지 않는다.

이러한 연결의 '끊김'이 우리가 주목해야 할 사실이다. 다 끊어지고 남은 시냅스의 연결 모양은 사람마다 독특하여, 마치 '만능 키트'의 연결처럼 다양한 재능을 만들어낸다. 경쟁심을 만드는 회로, 전략적 사고 능력을 기르는 회로, 호기심이 왕성한 회로 등으로 뚜렷이 구분되는 것이다. 이것이 타고난 재능을 설명하는 훌륭한 단서다.

결론적으로 우리가 순수한 '재능'이라 부르는 것은 대부분 세 살부터 나타난다. 그리고 시간이 흐르면서 우리 재능은 학습과 경험을 통해 조금씩 희석된다. 이러한 이유로, 학습을 통해 보완된 능력이 아닌 타고난 재능을 발견하려면 우리가 아주 어렸을 때, 특히 세 살에서 일곱 살 시절의 모습을 알아야 한다. 하지만 우리가 어렸을 적 기억을 온전히 떠올리기란 거의 불가능해 보인다.

나는 일곱 살 이전의 기억은 거의 없다. 게다가 그 이후 기억도 대부분 매우 기뻤거나 슬펐던, 감정 동요가 큰 기억거리들뿐이라, 내 재능의 힌트가 될 만한 장면들은 기억하지 못한다. 가장 큰 단서 주머니를 잃어버린 셈이다. 어떻게 할 것인가? 답은 의외로 간단하다. 부모님께 여쭤보는 것이다. 부모님만큼 어린 시절의 나에 대한 단서를 많이 가진 사람은 없다. 파커 파머처럼 편지를 써 두지 않았을지 모르지만, 부모님은 내가 기억하지 못하는 아주 작고 사소한, 하지만 아주 중요한 일들을 기억하고 있다. 즉 나를 나보다 더 잘 아는 사람은 내 부모다.

그러므로 부모님께 직접 어린 시절의 나에 대해 여쭈어 보자. 무엇을 좋아했고 무엇을 싫어했는지, 무엇에 얼굴을 찡그리고 기분 나빠했는지, 어떻게 몸을 움직였는지, 어떤 행동을 하고 무슨 말을 했는지 물어보라. 인상 깊었던 장면과 그것을 통해 발견한 자식에 대한 힌트를 물어보라. 나는 어떤 사람으로 태어났는가? 내가 갓난아이 때부터 선물 받은 재능은 어떤 것인가?

얼마 전 아버지를 인터뷰하다가 우연히 듣게 된 사건에 깜짝 놀랐다. 내가 전혀 기억하지 못하는 사건이었기 때문이다. 그리고 곰곰이 생각해 보니 그것이 나에 대한 대단히 중요한 단서였기 때문이다.

내가 여섯 살 되던 해에 우리 가족은 경기도 안양에서 경상남도 통영으로 먼 길을 이사 왔다. 유치원에 다시 들어갈 수가 없어 부모님은 나를 미술학원에 보낸 모양이다. (사실, 내가 미술학원에 다녔다는 기억이 전혀 없다는 사실조차 놀랍다.) 하루는 아버지께서 전화를 한 통 받았다. 학원장님의 다급한 목소리가 전화기를 타고 귀를 찔렀다.

"승오 아버님, 큰일났어요! 빨리 학원으로 오세요! 승오가 죽게 생겼어요."

아버지는 덜컹 내려앉는 가슴을 붙잡고 학원으로 달렸다. 학원 건물에 도착했을 즈음 건물을 올려다보았다. 작은 아이 하나가 건물 외벽의 창문에 마치 자살하려는 사람처럼 찰싹 달라붙어 있는 것이 아닌가? 아버지는 3층으로 뛰어올라갔다. 창 옆에는 선생님과 아이들이 어쩔 줄 몰라 하며 서 있었다. 아버지가 창문 밖으로 다급히 머리를 내밀어 왼쪽을 보니 눈을 질끈 감은 아이가 창틀을 붙잡고 있었다. 겨우 숨을 고르고 아버지는 부드럽게 물었다.

"승오야, 왜 그러니?"

아이는 아빠 얼굴을 쳐다보고서 눈물이 그렁그렁 맺혔다.

"학원 다니기 싫어!"

"그래. 승오가 다니기 싫으면 안 다녀도 돼."

"여기 너무 싫어! 아빠, 그냥 집에 가자!"

"그래. 같이 가자꾸나. 이리 오렴."

아빠 품에 안긴 아이는 그제야 참아왔던 눈물을 와락 쏟아냈다.

아버지는 아무 말 없이 아들을 안고 집으로 왔다. 돌아오는 길에 만 가지 생각이 머릿속을 괴롭혔다.

'이 아이가 갑자기 통영으로 이사를 와서 적응을 못하는 것일까? 혹시 학원에서 따돌림을 받는 것은 아닐까?'

자신의 탓이라 생각하니 마음이 착잡했다.

하지만 진정된 내 입에서 나온 이유는 너무나 뜻밖이었다. 당시 학원에서는 매주 그림을 그리게 했고, 검사가 끝나면 '참 잘했어요' 도장을 찍어 집으로 돌려보냈다. 그런데 부모님께 잘 보이기 위해서 선생님이 매번 내 그림에 덧칠을 하여 돌려보낸 모양이다. 보통 아이 같으면 제 그림이 더 좋아지는 것을 기뻐하였을 터인데, 나는 그것에 무척 화가 났던 것이다. 공평하게 실력대로 평가받고 싶었던 모양이다.

아버지는 너털웃음을 지으며 말씀하신다.

"그때도 황소고집이었지. 조그만 애가 어떻게나 좋다, 나쁘다가 아니라 옳다, 그르다로 이야기하는지 많이 놀랐단다."

돌이켜보면 그런 기질 때문에 한바탕 소동이 난 적이 한두 번이 아니다. 길거리를 가다가 싸움이 붙으면 앞뒤 가리지 않고 뛰어들어 떼어 말리고, 때로는 시비를 가려 잘못한 사람이 비록 나보다 훨씬 나이가 많은 어른이라도 꾸중하기도 했다. 예전에 살던 원룸에서 다른 층에서 여자의 비명소리와 남자의 윽박지르는 소리가 나서 새벽 세 시에 뛰어내려가 문을 두드리고 상황을 확인한 적도 있다. 얼마 전에는 대학원 동기 모임에서 결혼한 후배가 입만 열면 '애인 구하기'에 대해 이야기하는 것을 듣고는 그러면 안 된다고 나무라다가 한바탕 싸움을 벌이기도 했다.

그렇다. 타고난 내 기질 중 하나는 바로 '옳고 그름에 대한 분명한 기준으로 사람과 상황을 판단하는 것'이었다. 좋게 본다면 일종의 정의감 혹은 고상한 목적의식일 테고, 그렇지 않다면 구부러지지 않는 고지식함일 것이다. 이런 기질을 무엇이라 이름 붙여야 할지 모르겠다. 하지만 한 단어로 정리하는 것이 뭐 그리 중요하단 말인가? 그 개념을 명확히 할 수 있다면, 그리하여 그것을 활용할 수 있다면 그만일 것이다. MBTI나 에니어그램, 스트렝스파인더 등 기질과 강점을 조사하는 도구는 기질을 몇 가지 단어로 압축하고 있다. 그러나 어떤 의미에서는, 단어의 의미에 갇히게 되어 오히려 나에 대한 이해를 제한할 수 있다는 것이 내 견해다.

나는 시간을 두고 부모님 속에 있는 나를 관찰함으로써 비로소 나를 이해할 수 있게 되었다. 1999년 겨울에 시작된 내 질문은 "나는 누구인가? 그리고 인생을 어떻게 살 것인가?"였다. 이제 그 질문에 조금은 대답할 수 있게 되었다. 나는 내가 찾으려는 '자아'가 결국은 내가 아님을 알게 되었다. 내가 발견한 '나'는 내 부모님의 기질이 적당한 조합으로 섞여 있는 모습이었다.

그러므로 가족이라는 또 다른 거울을 통해 나를 비추어 보라. 내 자아의 불완전한 조각들을 맞추어 낼 수 있을 것이다.

| 탐험 그 후 |

다시, 1999년 겨울. 키가 크고 피부가 가무잡잡한 한 청년이 통영에서 대전으로 가는 버스에 오르고 있다. 토목공학을 전공하는 대학생이다. 전날에도 프로젝트를 마무리하느라 밤을 새웠기에 자리를 잡고 잠을 청하려고 한다. 잠시 미래에 대해 생각한다. 9년이 지난 2008년의 모습을. 그가 생각한 모습이 지금의 내 모습과 닮은 점이 있을까? 기업 교육 회사에 들어와서 세일즈를 하고, 기업체 관리자들에게 강의를 하는 모습? 인문학 서적을 읽고 글을 쓰는 모습? 이것은 내가 전혀 상상하지도 못한 일이었다. 그날 버스에서 일어난 사건을 계기로 내 인생은 완전히 달라졌다. 돌아보면 그 일은 내게 참으로 축복이었다.

이러한 내 변화를 간절히 그리고 오랫동안 지지해 준 사람들이 있다. 사랑하는 나의 부모님이다. 내가 이 책의 DNA 부분을 맡은 것은 우연이 아니다. 언제나 마음은 있었지만 표현하지 못하는 당신들에 대해 더 알고 싶었기 때문에 선택한 것이었다. 책을 쓰면서 자연스레 이야기를 나눌 기회가 오면, 그간 주신 사랑에 대한 감사함을 은근히 전하리라 생각했다. 그러나 결국 그렇게 하지 못했다.

1999년 겨울, 안과에서 의사들에게 '아드님은 곧 실명할 것이다'는 말을 들은 두 분의 표정을 나는 결코 잊지 못할 것이다. 세상에서 가장 슬픈 얼굴을 그때 보았다. 그것은 평생 가슴의 멍이 되었다. 아들 가슴에도 그리고 부모 가슴에도. 그만 한 불효를 했음에도 아들이 다른 길로 간다 했을 때 묵묵히 믿어주셨다. "진정 하고 싶은 일을 하면서 살아가거라." 하고 말씀해 주셨다.

2007년에는 부모님과의 관계에도 큰 변화가 있었다. 구본형 변화경영연구소의 3기 연구원 생활을 시작하면서 홈페이지에 올린 글들을 부모님은 하나도 빠짐없이 읽으셨다. 아버지는 일 년에 두 번 있는 '꿈벗 전체 모임'에도 참가하셨다. 무엇보다 이 책을 쓰면서 부모님을 인터뷰했고, 그분들의 과거와 현재를 들여다보았다. 자연스레 두 분이 살아오신 인생을 알게 되었다. 연애시절과 신혼생활, 두 사내아이가 태어났을 때의 기쁨과 키우면서 힘들었던 기억들.

이 지면을 빌려 부모님께 사랑을 전하고 싶다. 두 분의 든든한 지원이 없었다면 이 '지면'은 애당초 존재하지도 않았을 것이다.

'저는 아직 가난하여 가진 것이 꿈뿐이라
제 꿈이나마 그대 발 밑에 깔았습니다.
사뿐히 밟으소서, 그대 밟는 것 내 꿈이오니.'

— 예이츠, 「하늘의 천」

┃DNA 코드 발견 요약┃

DNA 코드 발견이란

　이 방법은 우리의 또 다른 거울, 즉 가족에 비추어 자신의 내면을 보는 방법이다. "우리의 골수와 DNA에 녹아 있는 우리의 '저항할 수 없는' 기질적 특성을, 가족들의 모습을 떠올리거나 그들을 인터뷰하여 얻는 것이다." 나와 닮을 수밖에 없는 사람들, 특히 부모님을 관찰함으로써 우리는 자신을 객관적으로 돌아볼 수 있고, 잘 보이지 않던 강점들을 알아낼 수 있다.

　이 방법을 통해 자신의 기질적 특성을 발견하는 것 이외에도 내면의 상처를 치료하거나 가족과의 관계를 회복하는 기회를 얻을 수 있다. 왜냐하면 현재에 영향을 미치는 우리의 무의식 속 기억은 대부분 가족과 함께 했던 어린 시절과 관계가 있기 때문이다. 이 방법을 진행하면서 자연스레 가족과의 관계가 좋아지는 것을 발견하게 될 것이다. 바로 내가 그랬다.

DNA 코드 발견에 적합한 사람

- 부모님이 (한 분이라도) 살아 계신 사람
- 과거의 장면에서 의미를 끌어낼 수 있는 사람
- 성년이 지난 자녀를 둔 사람

DNA 코드 발견 방법

단계	세부 활동
1. 유사 장면 고르기	- 가족의 기질적 특성이 드러나는 장면 골라내기 - 그것과 유사한 나의 장면을 고르고, 둘 사이의 의미 찾기
2. 가족 심층 면담	- 심층 면담을 통한 그들의 강점 확인하기 - 편지, 이메일 등의 서면으로 가능
3. 아이 시절 정보 얻기	- 부모가 기억하는 '내가 알지 못하는 나' 확인하기 - 우리가 기억하지 못하는 순수한 '재능'에 대한 정보 얻기

김귀자

하고 싶은 것은, 나를 어떠한 방향으로 몰아가고 움직이게 하는 아주 강력한 힘이다. 이것은 내 이면에 숨겨진 어떤 강력한 힘과 맞물리는 것일 수 있다. 욕망은 나를 다른 사람과 구분해 주는 중요한 특징이자, 내가 꿈꾸는 삶에 대한 힌트가 숨겨진 것이다.

3장_세 번째 강점 발견법

욕망 요리법

그물에 걸리지 않는 바람, '욕망'을 분석한다

당신이 정말로 하고 싶은 것은 무엇인가?

• •

소크라테스의 열렬한 추종자인 한 젊은이가 소크라테스에게 찾아와, 지혜를 얻는 비법을 가르쳐 달라고 간청했다. 소크라테스는 그를 강으로 데리고 갔다. 그리고 물에 들어간 다음, 젊은이의 머리를 붙잡아 물속으로 밀어 넣었다. 젊은이는 머리를 물 밖으로 내밀려고 했지만, 소크라테스는 있는 힘껏 그의 머리를 붙잡고 나오지 못하게 했다. 마침내 죽을힘을 다해 몸부림치던 젊은이는 물 밖으로 고개를 내밀 수 있었다. 바로 그때 소크라테스가 물었다.

"숨이 막혀 죽을 것 같았을 때 자네가 가장 원하는 것이 무엇이었는가?"

그러자 젊은이는 가쁜 숨을 몰아쉬며 대답했다.

"공기였습니다!"

이 말에 소크라테스는 미소를 지으며 대답했다.

"자네가 그 순간 공기를 원했던 만큼 갈구한다면 지혜를 얻게 될 걸세!"

불광불급(不狂不及)이라고 했던가!

이 세상에서 열정 없이 이루어진 위대한 업적은 없다. 인생에서 무언가 소중한 것을 얻으려면 때로는 미칠 줄도 알아야 한다. 당신이 만약 미친다면 어떤 일에 미치겠는가? 철학자 키르케고르는 '인간의 책임 중 하나는 인생을 걸 만한 삶의 이유를 가지는 것'이라고 말했다.

당신이 골수에 사무치도록 간절히 바라는 그것은 무엇인가? 하고 싶은 욕망이 강한 것일수록 그대가 잘할 확률이 높다.

| 욕망 이야기 |

왜 '욕망 분석'인가

욕망이란 무엇인가? 욕망은 무언가를 원하고, 하고 싶어 하는 본능적인 외침이다. 그러나 이 중에는 피상적인 '겉절이 욕망'도 많다. 때론 이것이 술, 게임, 도박과 같은 중독 형태로 나타나기도 한다. 진정한 욕망을 찾기 위해선 단순 동경이나 충동, 심리적 중독과 구별할 수 있어야 한다. 과연 어떤 것이 나의 진정한 욕망이며, 나의 재능을 잘 살릴 수 있는 것인가?

욕망은 내면의 목소리로, 꿈으로 가는 열쇠다. 하지만 모든 욕망이 다 꿈과 연결되진 않는다. 그렇기에 우리는 굳이 욕망을 '분석'하려는 것이다.

동경, 즉 하고 싶다는 마음은 재능의 중요한 부분이다. 이상하게 어떤 활동에는 끌리고 어떤 활동은 싫은 기억이 있다면, 이것들은 뇌의 짓이다. 뇌는 수많은 시냅스로 결합되어 있는데, 약한 결합에는 누가 억지로 하라고 하면 이상한 기분을 느끼게 되고, 강력한 결합에는 저항할 수 없다. 따라서 어떤 대상을 동경한다는 것은 두뇌 회로 중에서도 두드러지게 강력한 회로가 일으키는 자연 현상으로, 자석처럼 우리를 계속해서 잡아끄는 힘이다.

- 마커스 버킹엄, 도널드 클리프턴, 『위대한 나의 발견, 강점 혁명』

만약 무언가에 자연스레 끌린다면, 그건 내 안에 그에 반응하는 '무언가'가 있기 때문이다. 그럴 경우 무척 그것을 하고 싶을 것이다. 욕망 분석은 바로 그 지점에서 출발한다.

욕망 분석은 내면의 소리를 듣는 데서 시작한다. 하지만 마음은 매우 다양한 형태의 욕망으로 포장되어 있어 어느 것이 진짜인지 찾는 것이 쉽지 않을 것이다. 단순 동경, 심리적 중독, 유사 욕망처럼 가짜 욕망들을 마치 거름막으로 찌꺼기를 걸러내듯 걸러낼 것이다. 그러고서 남는 것들을 단단히 붙잡고 내 안에 숨겨진 진짜 욕망을 찾아갈 것이다.

욕망 분석이 좋은 세 가지 이유

의욕 상실에 특효약

슬쩍 보기에도 의욕이 없어 보이는 선배가 있었다. 입버릇처럼

"난 하고 싶은 게 아무것도 없어."라고 말하던 사람이었다. 그는 아침이 되어도 눈을 뜨고 싶지 않다고 했다. 알고 보니 그의 부모는 어렸을 적부터 선배에게 '하지 말라'는 말을 습관처럼 내뱉었다고 한다. 그런 강압적인 부모 밑에서 자라며 그 사람은 스스로 제 욕망을 잘라냈다. 그에게 꿈이 없었던 게 아니라 욕망을 제대로 펼쳐볼 기회가 없었던 것이다.

남다른 투자 전력으로 유명한 워렌 버핏은 말했다. "내가 다른 사람과 다른 점이 있다면 나는 아침에 일어나 하고 싶은 일을 한다는 것입니다." 만약 그 선배가 진짜 하고 싶은 게 있었다면, 아침에 알람이 몇 번이나 울리도록 눈을 감고 있지는 않았을 것이다. 아마 저절로 눈을 번쩍 뜨며 일어나지 않았을까?

당신은 어떻게 아침을 맞이하는가? 하고 싶은 일을 할 수 있는 사람, 그 사람은 행복하다. 욕망 분석은 당신이 기쁜 마음으로 아침을 맞이할 수 있게 해줄 '그것'을 발견하도록 도와줄 것이다.

꿈 찾기에 좋은 재료

내가 아는 어떤 이는 글쓰기에 대해 배운 적이 없다. 그런데도 늘 글을 쓰고 싶었고, 언제라도 쓴다면 잘 쓸 것이란 믿음이 있었다. 그는 43년 만에 글을 썼고, 그 책은 베스트셀러가 되었다. 그 뒤로도 1년에 한 권씩 꾸준히 책을 내며 유명 작가로 이름을 굳혔다. 이처럼 하고 싶은 것은, 나를 어떠한 방향으로 몰아가고 움직이게 하는 아주 강력한 힘이다. 이것은 내 이면에 숨겨진 어떤 강력한 힘과 맞물리는 것이다. 욕망은 나를 다른 사람과 구분해 주는 중요한 특징이자, 내가 꿈꾸는 삶에 대한 힌트가 숨겨진 것이다.

내 인생을 더욱 맛나게!

욕망 분석은 '하고 싶은 게 무엇인지' 찬찬히 살펴보면서 자신을 이해해 가는 방법이다. '강아지를 키우고 싶다'와 같은 사소한 욕망들을 살펴보면서 내가 '진짜 하고 싶은 게 무엇인지' 알아가는 과정이다. 그리하여 '진정으로 내가 원하는 것'이 무엇인지 찾고자 한다.

자, 여기 당신의 욕망이 있다. 어떻게 할 것인가? 우리는 그것을 다듬고 갖은 양념에 조물조물 무쳐서 맛있는 요리를 만들 것이다. 그 요리가 당신의 꿈이 되고, 직업이 된다. 욕망은 그대가 더욱 맛있는 인생을 살 수 있게 도와주는 아주 좋은 재료다.

Tip

주의사항!

이 글에는 '욕망'이란 말이 아주 많이 나온다. 요리 재료가 '욕망'이기 때문에 어쩔 수 없다. 당신이 욕망을 싫어한다면, 맛없는 요리가 나올 것이다. 또 자신의 욕망에 솔직하지 못해도 맛없는 요리가 나올 것이다. 맛있는 요리를 만드는 핵심은 단 하나, '당신 마음을 믿고 거기에 충실히 귀를 기울이는 것'이다.

욕망을 '맛있게' 요리하는 법

욕망을 '도마 위'로 불러내자

어떤 사람이 길을 가다가 아주 오래된 램프를 발견했다. 혹시나 하는 생각에 램프를 살살 문질렀더니 연기가 피어오르다 거짓말처럼 '펑!' 하고 요정이 튀어나왔다. 예상대로 요정은 이렇게 물었다. "당신 소원을 한 가지 들어드리겠습니다. 말씀만 하십시오." 그 사람은 정말 기뻤지만, 자신이 원하는 게 무엇인지 딱 떠올릴 수가 없었다. 그래서 요정에게 이렇게 말했다. "딱 3분만 생각할 시간을 주세요." 그리고 3분 뒤, 램프의 요정은 사라져 버렸다.

누구나 꿈을 이루며 살고 싶다고 말하지만, 정작 자신의 꿈이 뭔지 제대로 말할 수 있는 이는 드물다. 그렇다고 자신이 원하는 것이 무엇인지 찾으려 하지도 않는다. 심지어 외면하기까지 한다. 이처럼 '자신의 욕망'에 솔직하지 않는 것이 '꿈을 이루는 데' 가장 큰 방해 요인임을 알아야 한다. 왜 그렇게 자신에게 솔직해지지 못할까?

우리는 어려서부터 "착한 사람이 되어야지."라는 말을 아주 많이 들어왔다. 그런데 과연 착하다는 것이 어떤 의미일까? 대부분 착하다는 칭찬은 어른들의 기대에 따라 말썽 한 번 안 피우는 얌전한 아이들에게 돌아간다. 내 뜻대로 뭔가를 해볼라치면 이내 "못 됐구나."라는 말을 들어야 한다.

나는 착한 어린이보다 차라리 못된 아이가 낫다고 주장하고 싶다. 착한 사람을 보면 대개 이래도 '흥', 저래도 '흥'이다. 하고 싶은

게 있어도 사람들의 '흥'을 깰 수 없어서, 대다수 의견을 좇고 만다. 하지만 어떤 일을 즐겁지 하지 않고 마지못해 한다면 그거야말로 '흥' 깨는 일이 아닐까? 정말 착한 사람은 자신과 타인의 욕망을 적절히 조화시킬 줄 아는 사람이라고 생각한다.

오프라 윈프리는 "인생에서 가장 큰 실수는 남에 대한 사랑이 나에 대한 사랑보다 더 중요하다고 생각해 내 인생의 주도권을 다른 사람에게 넘겨주면서 시작된다."고 말했다. 우리는 자신의 욕망에 충실할 필요가 있다. 욕망에 충실하다는 것은 무조건 내 것을 앞세운다는 뜻이 아니라, 내 안의 것을 잘 드러낼 수 있다는 뜻이다. 모든 사람에게 착한 사람이기보다 자신에게 '착한 사람'이 되는 게 훨씬 도움이 된다.

욕망을 보관하자

꿈은 나의 소망, 호기심, 관심, 열광하는 것에서 발생한다. 어린 시절 품었던 흥미나 관심, 호기심을 재발견할 수 있다면 일은 더욱 쉬워진다. 먼저 내 안을 들여다보자. 그 속에 무엇이 들어 있는가? 내가 꿈꾸던 것, 자연스럽게 끌린 것들이 거기에 들어 있는가? 책을 보거나 텔레비전을 보거나 사람들과 이야기할 때 나도 모르게 무언가가 내 가슴을 건드릴 때가 있다. '아, 나도 저걸 꿈꿨는데…….' '저건 내가 하고 싶은 거였어!'

꿈은 잡지 않으면 내 손에서 쉽사리 빠져나가 버린다. 꿈을 기억하는 좋은 방법은 그것을 기록해 두는 것이다. 나는 실현 가능성이 얼마든 간에 하고 싶은 것들이 생각나면 일단 적었다. 혹시 하나라도 놓칠까 싶어 늘 수첩을 들고 다니며 수업 중에도, 버스를 타고 가면서도, 심지어 화장실에서도 썼다. 그렇게 1년 동안 적다 보니 하고 싶은 것들로 수첩 한두 쪽이 꽉 차게 됐다.

남미 여행, 아프리카 여행, 책 읽기, 꿈 계발 전문가, 그림 배우기, 피아노 배우기, 해금 배우기, 길거리 연주회 열기, 외국에 유학 가기, 멋진 남자랑 연애하기, 귀한 잡지 만들기, 축제 계획하기, 전 세계 돌아다니면서 일하기, 외국 친구 사귀기, 인생 동반자 만나기, 책 내기, 밸리댄스 배우기, 요가강사 자격증 따기, 요리 배우기, 최고의 인터뷰어 되기, 갤러리 만들기, 모델하기, 춤 배우기, 록밴드 활동, 스노보드 타기, 5개 국어 익히기……

뭔가 내 가슴을 치고 간 것들을 모아 놓은 이 목록을 보며 즐거운 상상에 잠기곤 한다. 여기에 적힌 것들은 내 욕망의 기록이자 꿈 목록이다. 신기한 것은 적어두게 되면 언젠가 한 번은 그것을 이룰 기회를 만나게 된다는 점이다.

노홍철이 누군지 잘 모를 때, 인터뷰 기사를 보고 괜찮다는 생각이 들어 수첩에 '만나고 싶은 인물-노홍철'이라고 써둔 적이 있다. 그로부터 한 달 뒤, 나는 게시판에 작은 글씨로 써 있는 노홍철 초청 강연 소식을 보았다. 평소라면 그냥 지나쳤을 텐데, 그때는 노홍철을 만나고 싶다는 생각이 머리에 박혀 있었기 때문에 작은 글씨가 크게 확대되어 다가왔다. 나는 노홍철의 강연에 참석해 질문도

하고 함께 사진도 찍으며 재밌는 시간을 보냈다. 그 경험은 쓰는 것이 꿈을 이루는 데 큰 힘을 준다는 사실을 일깨워줬다.

무엇을 원하는지 찾고 싶은가? 간단하다. 종이 한 장을 꺼내어 평소에 그리고 오래 전부터 하고 싶었던 일을 떠올려 보자. 어린 시절에 무엇을 하면 즐겁고 행복했는가? 무엇을 보면 흥분되고 가슴이 떨렸는가? 사람마다 무척이나 다양할 수 있다. 욕망을 적는 일은 스스로를 환기시키는 데 큰 역할을 한다. 당장 나만의 욕망 리스트를 작성해 보자.

Tip
욕망, 이렇게 보관해요!

욕망 노트를 하나 마련하세요. 그리고 욕망이 생각날 때마다 그곳에 적어두세요. 그걸 계속 모으는 겁니다. 여기까지 잘 따라왔나요? 그렇다면 맛있는 요리를 위한 신선한 재료 준비는 된 것 같군요!

욕망을 손질하자

유사 욕망 걸러내기

욕망을 손질하지 않으면 맛없게 되기 십상이다. 너무 욕망에만 충실하여 쓰디쓴 인생을 살 수도 있다. 맛있게 요리하는 관건은 쓸데없는 것은 버리고, 필요한 부분만 적절히 활용하는 데 있다. 걸러내고 잘라내는 손질법에는 특별히 지혜가 필요하다. 아니면 필요한 부분까지 잘라버릴 수 있기 때문이다.

나는 서태지와 아이들의 골수팬이었다. 서태지가 보여준 특유의 자유로움과 반항, 당당한 자기표현이 너무 좋아 그가 하는 것은 모조리 따라 하고 싶을 정도였다. 특히 그가 스노보드를 타고 눈밭에서 날아오를 때면 나도 그 옆에서 같이 타고 싶다는 생각에 몸이 달았다. 나는 '하고 싶은 건 해봐야' 직성이 풀리는 성미다. 대학에 입학하고 보니 마침 스노보드 동아리가 있었다. 서태지가 은퇴한 지는 수년이 지났지만 스노보드에 대한 열망만은 남아 있어서 즉시 가입했다. 보드를 대여하고 스키장에 가려면 돈이 꽤 들었지만 스노보드를 타는 것은 아주 재밌었고, 동아리 사람들도 무척 좋았다. 하지만 점차 스노보드 타는 것이 시들해지면서 결국 1년이 채 못 되어 그만두고 말았다. 내가 정말로 스노보드를 좋아했나 돌이켜보니, 스노보드를 타던 서태지를 따라 하고 싶었을 뿐 그 이상도 그 이하도 아니었다. 그래서 일단 따라 하고 나니 흥미가 곧 사라져 버렸던 것이다.

이처럼 누군가의 영향을 받은 욕망은 모방성이 강한 '유사 욕망'이다. 내면에서 우러나온 것이 아니기 때문에 오래가지 못한다. 따라서 유사 욕망을 걸러내는 핵심은 그것이 얼마나 오래갈 수 있는지 아는 것이다. 나는 왜 그것을 하고 싶은 것일까? '한때' 하고 싶은 것일까, 아니면 '일생을 두고' 하고 싶은 것일까?

나는 매년 욕망 리스트를 만들었는데, 나중에 그걸 모아 비교해보니 재밌는 일이 생겨났다. 스노보드 타기, 기타 연주 등 누굴 따라서 해보고 싶던 것들은 시간이 지나면서 금세 사라져 갔다. 그 대신 글쓰기, 이야기 수집, 여행 등은 형태만 약간 바뀐 채로(도보여행에서 남미 여행 식으로) 늘 나타나 욕망 리스트의 단골이 되었다. 이렇게 끊임없이 반복돼 나타나는 것들은 계속 내 주의를 끌며 나를 일정한 방향으로 이끌었다.

하고 싶은 것들을 적었지만, 이것들이 내가 진짜 하고 싶은 것인지 확신하지 못한다면 시간을 두고 다시 생각해 보자. 한 달 뒤에 욕망 리스트를 다시 작성해 보는 것이다. 만약 2007년 12월에 욕망 리스트를 만들었다면, 2008년 1월에 다시 써본다. 시간이 지나면서 사라져 버린 것들도 있을 것이다. 둘을 비교해 무엇이 반복되고 무엇이 사라졌는지 살펴보자. 시간이 지나도 꾸준히 반복되어 나타나는 것이 있다면 진짜일 확률이 높다. 그렇게 남겨진 것들을 가지고 가자.

> **Tip**
>
> **유사 욕망, 이렇게 걸러 내세요**
>
> 내가 하고 싶은 것들 가운데 일시적으로 하고 싶은 것과 일생을 두고 하고 싶은 것을 가려낼 수 있나요? 그것이 힘들다면, 1달 혹은 1년의 시간차를 두고 욕망 리스트를 다시 작성해 보세요. 그 사이 달라진 부분이 있을 겁니다. 잠깐 나타났던 것들은 얼른 지우세요. 그리고 남겨진 것들을 소중히 간직합니다.

거짓 동경 잘라내기

앞서 어떤 것에 자연스레 끌리고 무언가를 하고 싶다는 것은 내면에 무언가가 있기 때문이라고 가정했다. 그러나 늘 그렇지만은 않다는 데 고민이 있다.

누군가 가수를 하고 싶은데 그 이유가 노래 실력이 있어서라기보다는 단순히 사람들이 열광해 주는 것이 좋아서일 수 있다. 하지만 좋은 가수가 되기 위해 얼마나 많은 땀을 흘리고 힘든 생활을 견뎌 내야 하는지는 잘 모른다. 실제로 그런 환상만 좇아 많은 청소년이 연예인을 꿈꾼다. 이처럼 내면의 강력한 이끌림보다는 외부 조건에 의한 이끌림을 '거짓 동경'이라 한다.

동물을 끔찍이 좋아하던 선배가 있었다. 대학에 들어갈 때가 되자 그는 주위 권유와 직업의 안정성을 고려해 수의학과를 택했다. 그러나 들어가서 좀체 적응하지 못하고 내내 방황해야 했다. 동물을 좋아했지만 수의사가 되는 데 필요한 다른 과정을 소화하지 못했기 때문이다. 때로는 동물을 안락사시키기도 해야 하고, 의학지식과 함께 병원을 이끌 경영 능력도 필요한데 섬세하던 그에겐 이것이 맞지 않았던 것이다. 결국 수의학을 포기하고 문과대학으로 재입학했다.

이 선배는 동물을 좋아한다는 이유 하나로 수의학을 택했지만, 막상 부딪혀 보니 좋아하는 마음만으로는 안 되는 것도 있음을 알았다. 자신이 잘할 수 있는 영역이 아니라고 했다. 이처럼 어떤 일에 이끌리는 것은 단순한 호감이나 호기심 또는 다른 외적인 이유 때문일 수도 있다. 우리의 단순한 호기심 혹은 내면의 어떤 부족함이 이 같은 '거짓 동경'을 불러일으킨다. 화려한 겉만 보고서 내 꿈이라 단정 짓기는 이르다.

거짓 동경을 걸러낼 수 있는 좋은 방법은 직접 그 일에 뛰어들어 단맛과 쓴맛을 모두 맛보는 것이다. 그러나 간접 경험도 괜찮은 방법이다. 해당 분야에서 일하는 사람을 직접 만나 이야기를 들어보는 것이 좋다. 만약 기자가 되고 싶다면, 실제 기자를 만나 구체적으로 어떤 일을 하며, 어떤 어려움이 있는지 그 일상을 들여다본다면 거짓 동경인지가 더 확실해질 것이다. 그런 후 과연 그 일의 힘든 점, 다른 부수적인 것까지 감당할 수 있을지 스스로 물어본다. 나를 잘 아는 주위 사람들에게 '욕망 리스트'를 보여주고 조언을 청할 수도 있다. 내가 그것을 할 수 있을지 물어보자.

욕망의 본맛을 찾아내자

돈 싫어하는 사람 별로 없다. 로또 1등에 당첨되거나 별안간 땅값이 오르거나 현금으로 꽉 찬 007가방을 발견하는 즐거운 상상! 누구나 한 번쯤 해봤으리라. 로또에 당첨돼 십억 원이 거저 생긴다면 어디에 쓸까? 답은 다양하다. 어떤 이는 집을 사려고 하고, 다른 이는 몇 년이고 세계여행을 떠날 것이다. 또 어떤 이는 복지관을 지어 어려운 이들을 돕고 싶어 하며, 어떤 이는 해외유학을 떠나려 할 것이다.

이처럼 돈을 갖고 싶어 하는 건 욕망이다. 여기서 살펴볼 것은 돈을 갖고 싶다는 욕망 뒤에 숨겨진 다른 욕망이다. 욕망을 요리하는 과정에서 중요한 것은 욕망을 발견하는 것보다 욕망의 이면에 숨겨진 것을 찾아내는 것이다. 집을 사고 싶어 하는 이는 '안정' 욕구가 크지만, 세계여행을 떠나고자 하는 이는 '자유'에 대한 갈망이 더 크다. 단순히 무언가를 하고 싶다는 것에서 한 걸음 더 깊숙이 들어가 그것이 '내게 말하고자 하는 것이 무엇인가'를 알아내자. 유사 욕망도 거르고, 거짓 동경도 잘라냈다면 이젠 욕망의 본맛을 찾아야 한다.

한번은 워크숍을 갔는데 취미를 이야기하는 시간이 있었다. 영화를 좋아한다는 사람이 꽤 많았는데 그 이유는 저마다 달랐다. 스트레스 해소용으로 영화를 보기도 하고, 영화 음악에 심취해 영화에 빠지기도 한다. 또 영화를 통해 사회구조를 보며, 시나리오 공부 때문에 영화를 보기도 한다고 밝혔다. 이처럼 '영화를 본다'는 같은 행동에 제각각 다른 동기를 지닐 수 있다는 사실이 무척 흥미로웠다.

나는 여행을 무척 좋아한다. 무전여행, 도보여행, 1년 동안의 해외여행 등 크고 작은 여행을 하면서 새로운 세계를 경험하고, 낯선 이들과 어울리는 기쁨을 누렸다. 어디를 여행하든 풍경보다 그곳에서 만난 사람들이 기억에 남았다. 나이 일흔에 젊은이들과 같이 배낭여행을 하던 영국 할아버지, 고등학교 졸업 후 진로탐색 과정으로 배낭여행을 택한 네덜란드 아이, 스물네 살에 귀농학교 원예선생으로 활동하던 여성, 고위공무원에서 일반 요리사로 전업한 터키 아저씨, 백발이 성성한데도 캠핑카를 몰며 호주를 여행하던 할머니까지! 내가 만난 다양한 삶은 "사회 관습에 따라가지 말고, 네 마음이 가는 대로 살아가라."고 일깨워 주었다.

다양한 사람을 만나면서 내가 되고 싶은 모습을 하나둘 발견해 갔다. 사실 나는 학업-취업-결혼 등으로 이어지는 천편일률적인 삶이 싫었다. 나는 새로운 방식을 찾고 싶었고, 여행은 내게 '새로운 사람을 만날 수 있는 기회'를 통해 그런 갈증을 풀어주었다. '제 기질대로 꿈을 펼치며 제 가치관대로 아주 잘 살아가는 이들'을 많이 만날 수 있었고, 결국에는 나도 그렇게 살아가고 싶다는 것을 확인했다.

나는 여행을 좋아했고, 지금도 좋아한다. 여행은 내게 새로운 사람들을 만나고 다양한 삶의 방식을 만날 수 있는 통로를 선사했다. 여행하고 싶다는 욕망 뒤에 숨겨진 나의 또 다른 욕망을 알게 된 이후, 막연히 어디론가 떠날 것을 꿈꾸진 않게 됐다.

| 나의 요리 – 욕망으로 찾은 기질 이야기 |

"모든 살아 있는 것은 결국은 자기 자신이 되고자 하는 것 같아요. 애벌레는 나비가 되려고 하고, 올챙이는 개구리가 되려고 하죠. 나도 내가 되려고 하는 거예요. 결국 나를 이루고 있는 대부분은 계발되지 않은 채 내 속에 머물고 있는 잠재력이라는 생각이 들었어요. 내가 참으로 원하고 갈망해 온 것들은 항상 있어 왔고, 바로 지금 내 내면에서 얻어지는 것임을 알게 되었어요. 내 속에 들어 있는, 내게 속한 '무엇'을 알아내는 것. 그리고 그것을 세상에 표현하는 것이 바로 인생이라는 것을 알게 되었답니다."

— 구본형, 『사자같이 젊은 놈들』

지금까지의 '욕망 요리법' 과정을 충실히 이행했다면 자신에 대한 정보를 꽤 많이 얻을 수 있었을 것이다. 이를 바탕으로 한다면 세상이 정의해 주는 내 모습이 아닌 나만의 언어로 정의한 진짜 내 모습을 찾을 수 있다.

다음은 내가 여행을 하면서 얻게 된 '나에 대한 정보'다. 나를 알아가는 이 작업은 아마 평생 진행해야 할 것이다.

- 나는 충동적이다. 지도와 약간의 돈만으로도 충분히 길을 나설 수 있는 용기가 있다. 옷가지 두어 벌만 챙겨서 2주간 무전여행을 할 수 있는 무모한 도전은 여기서 비롯된다. 나는 머리보다 몸으로 부딪쳐 가며 배우는 걸 좋아한다. 마음먹은 일은 즉각 행동으로 옮긴다. 직접 경험하면서 배우는 것이 좋다.
- 나는 본능적으로 끌리거나 흥미 있는 분야를 잘 찾고, 시도를 주저하지 않는 편이다. 새로운 것, 낯선 것을 환영한다. 낯선 것에 대한 두려움보다는 기대가 더 크다.
- 나는 다방면에 호기심이 많아 직접 해봐야 직성이 풀린다. 이른바 '똥인지 된장인지 직접 찍어 먹어봐야 하는' 사람이다. 한번 가본 길보다는 새 길을 찾아 나선다. 실험 정신이 투철하다 보니 이따금 길을 잃고 헤매지만, 별로 걱정하지 않고 그 상황을 오히려 즐긴다. 이런 내게 누군가 "너를 잘 나타내주는 단어는 '방황'과 '모색'인 것 같구나."라고 말했다.
- 다양한 정보를 발견하고 그것을 받아들이는 수집 능력이 있다. 경청 능력이 좋다는 말도 많이 듣는 편이다. 다른 사람의 말이나 글에서 아이디어를 얻는 경우가 많다. '메모광'으로 불릴 정도로 늘 메모장을 가지고 다니며 아이디어나 떠오르는 생각을 적어둔다. 여행 다닐 때도 수

첩을 항상 소지하며 수시로 적었다. 다만, 풍부한 정보를 수집할 때까지 결정을 미루는 편이라 판단력은 떨어진다. 기록하면서 배우는 사람이다.

- 체계적이지 않지만 분류를 잘하는 편이다. 이것과 저것이 어떤 점에서 통하고 나뉘는지 '질서'가 보인다. 기존의 것에서 새로운 조합을 형성해 내는 것에 능하다. 새로운 정보들을 흡수하고 기존의 것을 새로이 조합해 다른 의미를 만들어 낼 수 있다. 내 안에는 논리성 대신 톡톡 튀는 독창적인 흐름이 흐르고 있다.

- 어떤 일에 직접 뛰어드는 것보다 한 발 떨어져 '관찰'하는 것을 좋아한다. 주 관찰 대상은 사람들, 특히 그들의 삶의 방식이다. 사람들을 관찰하며, 그들의 강점이 무엇이고 어떻게 발현되는지 살핀다. 직관적으로 상대가 잘하는 것이 무엇인지 파악하고 그것을 끄집어내 줄 수 있다. 그 사람에게 최선의 모습이 무엇인지 늘 생각한다. 사람들에게 좋은 영감을 주고 싶어 한다. 사람들을 관찰하고, 모방하면서 배운다.

| 욕망에 맛을 더하자 |

며느리도 모르는 욕망 '맛내기' 비법

위 과정에서 남겨진 것은 무엇인가? 그것이 진정한 내 욕망이라고, 내 안에서 나온 것이라고 확신할 수 있는가? 이는 여전히 물음표다. 줄기차게 스스로에게 묻는 수밖에 없다. 나와 만날 수 있는 가장 좋은 방법은 '혼자가 되어 보는 것'이다. 레오나르도 다 빈치는 혼자가 된다는 것에 대해 이렇게 얘기하기도 했다.

"고독을 견뎌내지 못하는 사람은 그 자신을 찾을 수 없을 것이다. 혼자 있을 때 너는 완전한 너이고, 다른 이와 같이 있을 때의 너는 절반의 너다."

그렇게 해서 남은 게 있다면 그것은 진정 나의 기질적 특성에 바탕을 둔 것이라 해도 좋다. 그것이 진실한 것인지 알아보는 방법으로 다음 세 가지의 '새로운 시도'를 추천한다. 일찍이 자신과 만나기 위해 많이 고민한 이들이 쓴 방법들이다.

❶ 비전 퀘스트로 당신의 미래를 그려 보아요

'비전 퀘스트(Vision Quest)'는 북아메리카 인디언들이 성인이 되기 위해 치렀던 의식으로 일종의 통과의례다. 인디언들은 성년에 가까워지면 미성년자를 깊은 숲으로 혼자 들여보내 열흘 동안 음식도 금한 채 자신의 인생 비전을 세우도록 했다. 숲으로 들어간 아이들은 세상과 단절되는 가운데, 자신이 어떤 사람인지 관찰하고 앞으로 어떻게 살아갈 것인지 끊임없이 생각한다. 이처럼 비전 퀘스트는 자신의 내면을 만나고 인생의 지도를 그리는 여행이었다. 이 여행에서 얻은 비전은 그의 인생 지표가 되고 직업이 되었다.

나는 비전 퀘스트는 아니지만 이와 비슷하게 지리산에서 한 달간 포도 단식을 한 적이 있다. 대학 졸업을 앞두고 내가 앞으로 무엇을 하면서 살지 더 깊게 생각해 보고 싶었다. 처음에는 일주일 계획으로 시작했지만, 하다 보니 한 달로 길어지게 되었다. 조용히 지리산에 머물면서 하루하루를 나를 새로이 보는 데 다 바쳤다. 먹지 않는 것은 내 일상을 모조리 깨부수고, 새로이 편성할 수 있는 힘을 주었다. 아침에 일어나 산책을 했고 한 번도 하지 않은 기도를 했고 아주 열심히 일기를 썼다. 어린 시절을 돌아보았고 미래로 가보았다. 욕망 리스트를 새로이 작성했고 어떻게 살면 행복할까 내내 생각했다. 건강하게 지내는 법도 배웠다. 앞으로 무엇을 하든 몸과 마음과 영혼이 조화되는 일을 하리라 그렇게 마음먹고 지리산을 내려왔다. 친구, 가족과 단절된 채 지낸 한 달은 나를 오롯이 돌아보는 데 큰 힘이 되었다. 일상에서 오래도록 훌쩍 떠나 있기는 쉽지 않다. 그러나 혼자 도보여행을 1박 2일 정도 해본다든지, 하루 정도 산을 가본다든지, 하루 이틀 정도 혼자가 되어 보는 것은 마음만 먹으면 할 수 있는 일이다. 다른 사람의 눈으로 당신 삶을 본다면 어떨까? 당신에게 어떻게 살라고 말해 주고 싶은가? 비전은 거창한 것이 아니다. 내 인생을 읽을 만한 소설로 만드는 것, 그리고 스스로 그 열렬한 독자가 되는 것이다.

무엇을 하면 죽을 때 후회를 남기지 않을까, 생각해 보자.

Tip

비전, 이렇게 그려 보세요.

우선 10년 뒤에 내가 지나온 과거를 돌아본다고 상상합니다. 지금의 나를 있게 해 준 것들은 무엇이었을까? 10년 뒤 나를 자랑스럽게 만들어 줄 10가지 풍광을 그려 보는 것이지요. 어떻게 그린다 해도 누가 뭐라 할 사람이 없습니다. 아무런 판단 없이 이미 과거가 된 미래의 장면을 마음껏 그려 보세요.

❷ 당신의 욕망으로 새로운 이름을 지어 보세요

"두껍아, 두껍아, 헌집 줄게, 새집 다오."

우리는 어렸을 때 받은 이름으로 한평생 살아간다. 술김에 아버지가 호적에 잘못 올리기도 하고, 어느 작명가의 장난으로 희한한 이름이 만들어지기도 한다. 내가 동의해 지은 것도 아닌데, 이름이 이상해서 놀림을 받거나 남들에게 좋지 않은 인상을 주면 좀 억울해진다. 여기 소개하는 호주 원주민 부족의 작명법은 그런 면에서 본받을 만하다.

호주 원주민 부족민들의 이름은 다들 독특하다. 위대한 탐험가, 주술사, 치료사, 위대한 바느질꾼, 큰 새의 누이, 위대한 작곡가, 영적인 여자, 연장장이, 큰 짐승들의 친구. 그들의 재능에 바탕을 두고 이름을 지으며, 새로운 재주를 익힐 때마다 새로운 지위와 이름을 얻는다. 따라서 이름은 재능이 발전함에 따라 계속 변한다. 어떤 이는 '작곡가'에서 '위대한 작곡가'로 스스로 새로운 이름을 붙여 자축하는 것으로 제 가치를 인정한다. 자신에 맞는 이름을 붙인다는 것은 자기 재능을 인정하고 남에게 알리는 데 아주 중요한 일이다.

— 말로 모건, 『무탄트 메시지』

우리는 앞서 발견한 욕망으로 호주 원주민 부족처럼 나를 위해 새로운 이름을 지을 것이다. 나는 귀자 말고도 새로이 이름을 두 개 더 지었다.

첫 번째는 '이야기 수집가'다. 나는 여행과 욕망 리스트를 통해 내가 소통과 다양한 삶의 방식, 사람들의 꿈 이야기에 관심이 많다는 것을 깨달았다. 평범한 사람들의 특별한 이야기, 꿈들을 '인터뷰' 형식으로 수집해서 하나의 스토리로 묶을 수 있을 것이다.

두 번째 이름은 '꿈을 붙잡는 이(Dream Catcher)'다. 이미 자신의 꿈대로 살고 있는 사람들의 경험담을 수집하고 이를 토대로 많은 이들이 각자 자신의 꿈을 찾고 살아 있는 내내 그 꿈을 표현할 수 있도록 돕고 싶다. 사람들이 자신의 꿈을 찾고, 그것을 실현하는 '꿈길'에 함께 하고 싶다.

❸ 당신에게 거는 '나만의 마법 주문'을 만들어 보세요

주문 만들기는 내가 앞에서 이름 짓고, 비전으로 세운 것들을 내면화하는 단계다.

미국의 과학자이며 정치가인 벤자민 프랭클린은 50년 동안 매일 다음과 같은 기도를 했다고 한다. "전능하사 만물을 주관하시는 주님, 저를 인도해 주십시오. 제가 진정으로 바라는 것이 무엇인지 알아낼 수 있는 지혜를 제게 허락해 주십시오. 이 지혜가 저에게 명하는 것을 실천할 수 있도록 제 결심을 더욱 강하게 만들어 주십시오. 저를 향한 당신의 끝없는 사랑에 대한 보답으로 제가 다른 사람들에게 보내는 진심 어린 기도를 허락해 주십시오."

기도문을 만드는 것은 '어떻게 살 것인가' 하는 삶의 기준, 혹은 중요한 가치를 세우는 일이다. 그리고 그것을 매일 같이 곱씹는 것

은 자신을 한 방향으로 갈 수 있게 인도해 준다. 가끔 삶이 막막하거나 어디로 흘러갈지 몰라 두려워질 때면, 이런 주문을 왼다.

"우리에게 실패는 없다. 배움만이 있을 뿐. 충분히 배우지 못하면 그 경험은 언제까지나 반복될 것이다. 배움에는 끝이 없다. 다른 사람들은 모두 당신을 비추는 거울이다. 어떤 삶을 만들어 갈 것인가는 오로지 당신 자신에게 달려 있고, 당신에게 필요한 해답은 모두 당신 안에 있다."

오늘 하루를 잘 살아가는 데에도, 내게 닥친 문제를 끌어안기 위해서도 많은 용기가 필요하다. 좀 식상한 말들이긴 하지만, 힘들 때 이런 말들이 의외로 큰 힘을 준다.

"이까이꺼~ 우습지!"

"넘어져도 괜찮아, 괜찮아. 난 날마다 좋아지고 있으니까!"

"누가 뭐래도 난 귀한 자식이다."

"그럼에도 불구하고 잘하고 있어."

"고마워, 사랑해!"

> **Tip**
>
> **나만의 주문, 이렇게 만드세요.**
>
> 어떻게 주문을 만들고 기도를 해야 할지 어렵다고요? 이렇게 한번 해보세요. '내 생애 마지막 일주일'을 상상해 보는 겁니다. 일주일이 남았다면, 자신에게 어떤 말을 해주고 싶은가요?

| 욕망 요리법 테스트 |

욕망을 불러내자

일단 종이를 하나 준비합니다. 그리고 눈을 감고 상상해 봅니다. 내 장례식이 진행되고 있습니다. 가족들, 친구들 모두 훌쩍이고 있네요. 저기 관 속에 누워 있는 내가 후회하는 것이 무엇인가요? 만약 6개월이 더 주어진다면(그리고 절대 실패하지 않을 거라면), 무엇을 가장 하고 싶은가요?

욕망을 보관하자

'욕망 리스트'를 만들어 봅니다. 그것을 1년 뒤, 혹은 한 달 뒤의 욕망과 비교합니다. 반복되는 것들을 찾아냅니다.

[1년 뒤]

욕망을 손질하자

① 유사 욕망은 아닐까

그것들이 일시적인 것인가요, 아니면 일생을 두고 할 만한 것인가요? 한때 하고 싶은 것이라면 과감히 지우고, 일생을 두고 할 일들을 골라 봅니다.

체크 포인트

√ 시간을 두고 한 번 더 적어 보세요. 한 달 뒤, 혹은 1년 후에도 여전히 하고 싶은 것이라면 남겨 두세요.

√ 다른 사람의 영향을 받은 건 아닌가요? (예컨대 내가 좋아하는 사람이나 연예인이 좋아해서 덩달아 하고 싶어 하는 경우처럼 말이죠.)

☞ 시간이 좀 더 필요할 수 있습니다. 지우기 어렵다면 다음 단계로 넘어가세요.

② 거짓 동경은 아닐까

일생을 두고 하고 싶은 것들을 추려냈다면, 그 일을 하고 싶은 이유와 그 일을 할 때 예상되는 어려움을 모두 적어 봅니다.

	하고 싶은 이유	
	예상되는 어려움	
	하고 싶은 이유	
	예상되는 어려움	
	하고 싶은 이유	
	예상되는 어려움	

체크 포인트

√ 내가 그것을 하고 싶은 이유는 무엇인가요?

√ 그 일의 좋은 면, 어두운 면(예상되는 어려움)까지 감당할 수 있나요?

욕망의 본맛을 살리자

    욕망을 재해석하는 단계입니다. 표면에 나타난 욕망의 이면에 더 깊이 숨겨진 욕망을 찾아 떠나는 것이지요. 만약 욕망을 이루려고 시도해 본 경험이 있다면 '☺' 질문으로 가고, 한 번도 시도해 본 적이 없다면 아래 '😀' 질문으로 바로 이동하세요.

    ☺ 직접 시도해 본 적이 있다면, 그 경험을 적어 봅니다.

_____

_____

_____

_____

    직접 시도해 보면서 내가 얻은 것은 무엇인가요? 그 일을 통해 변한 것은 어떤 것인지 적어 봅니다.

_____

_____

_____

_____

    😀 시도해 본 경험이 없다면 예전에 기회가 없거나 용기가 없어서 접어 버렸던 일들을 떠올려 봅니다. 평소 가장 해보고 싶었던 일 가

운데, 일주일 내로 할 수 있는 행동을 적어 봅니다. (거창한 계획이 아닌, 당장 할 수 있는 '사소한' 일이 좋습니다.)

그 일을 하고 나서 어땠나요? 잘됐다면 잘된 이유, 잘되지 않았다면 안 된 이유를 적어봅니다.

욕망의 뿌리를 찾자

거름막을 몇 개씩이나 거쳐 오롯이 남은 욕망을 통해 내 비전과 재능을 찾아보고 그것을 인정하는 단계입니다. 내 마음이 끌리는 '나만의 공간'을 찾아 그곳에서 조용히 내 과거를 회상하고 미래를 그려 봅니다. 다음 세 가지 방법을 활용합니다.

❶ 비전 퀘스트로 나의 비전을 만들자

지금 어떤 문제에 직면해 있는가? 또 어떻게 거듭나고 싶은가? 그러기 위해 내가 할 일은 무엇인가? 10년 후 멋지게 변해 있을 '나'를 한번 상상해 봅니다. 그때에 서서, '나'를 있게 해준 자랑스러운 10가지 장면을 꼽아 봅니다.

❷ 내 이름을 짓자

나의 욕망과 기질을 나타내는 새 이름을 지어 봅니다.

❸ **나만의 주문을 만들자**

　현실에서 좌절하거나 혹은 사람들의 비난에 직면할 때 자신감을 잃지 않고 앞으로 계속 나아갈 수 있으려면 주문이 필요합니다. 앞에서 이름 짓고, 비전으로 세운 것들을 내면화하는 나만의 주문을 만들어 봅니다.

| 탐험 그 후 |

내 마음이 편한 대로 따라가기

　내겐 인디언식 이름이 하나 있다. 자유분방하고, 마음이 가는 대로 행하는 내게 누군가 '그물에 걸리지 않는 자유'라는 이름을 붙여주었다. 그만큼 하고 싶은 걸 하면서 살아온 편이다. 그러는 동안에도 몇 가지 궁금증이 나를 떠나지 않았다. '과연 하고 싶은 걸 한다고 그것이 내 길일까? 그렇다면 내가 정말로 하고 싶은 건 무엇일까?' 답을 찾아 헤매다 한 아가씨에게서 그 실마리를 찾을 수 있었다!

도보여행 중 '스무 살에 농촌에서 자기 꿈을 찾은' 정말 흔치 않은 아가씨를 만났다. 그는 도시 토박이였지만 농촌에 뜻을 두고 내려와 직접 농사도 짓고 귀농민들에게 원예도 가르쳤다. 그는 어떻게 자신의 꿈을 발견했을까? '남들과 다르지만 결국 내 마음이 편한 대로 가는 것'. 그것이 그가 자신의 꿈을 찾은 방법이었다. 그는 힘든 부분도 많지만, 시골에 살면서 누리는 것들이 도시생활보다 더 가치 있다는 것을 알기 때문에 마음이 편하다고 했다. '내 마음을 따라가라.' 그동안 많이 들어온 말인데도 새로운 충격으로 다가왔다.

하지만 내 마음이 가는 대로 따라가는 것이 쉬운 일은 아니었다. 진정 하고 싶은 것이 어떤 것인지, 이게 정말 하고 싶은 것인지 하는 의심이 자꾸만 생겨났다. 그렇지만 나도 모르게 무언가에 끌리고 무엇을 하고 싶은 까닭은 우리 안에 숨겨진 무언가가 있기 때문이란 믿음이 계속 나를 욕망으로 이끌었다. 마음을 따라가는 길에 의심나고 쓸데없는 것을 걷어버리기 위해선 가짜를 걸러낼 지혜가 필요했다. 본마음에 더 충실할 수 있도록 하기 위해 욕망 분석이 나왔다.

머리를 쥐어뜯는 고역, 그러나 새로운 시도

'하고 싶은 걸 따라가되, 진짜 욕망으로 접근하라'는 욕망 분석은 내가 지금껏 만난 사람들과 책 그리고 내 경험에서 나온 방법이다. 내가 곳곳에서 만난, 생긴 대로 하고 싶은 것을 하며 행복하게 사는 사람들이 이 방법의 모티브가 되어 주었다. 욕망을 하나의 방법론으로 짜임새 있게 엮어내는 과정은 머리를 쥐어뜯고 싶을 정도로 힘들었다. 그러나 내면으로 더 깊숙이 들어갈 수 있도록 해주는 '비전 퀘스트'나 '이름 짓기' 같은 엉뚱한 실험은 재미있는 시도였다. 방법이 쓸모 있는지 검증하기 위해 지인들을 대상으로 몇 번 테스트를 거쳤다. '시간이 부족하다, 따라가기가 다소 벅차다'는 평가부터 '욕망을 걸러 가는 과정에서 내가 원하는 것이 무엇인지 명확해졌다'는 평가까지 다양한 반응이 있었다. 욕망 분석법은 여전히 진행 중임을 고백한다.

당신은 원래 그렇게 멋졌다

욕망 분석이 줄 수 있는 것은 무엇일까? 다소 충동적이고 자유분방하게 움직이는 나는 '욕망 분석법'의 가장 큰 수혜자였다.

우선 '아, 나란 인간이 이렇구나!'를 깨달았다. 나의 남다른 부분에 환희를 느낀 것이다. 예를 들어 나는 결정이 느리다. 정보를 최대한 모으고서야 판단하기 때문이다. 그 대신 매우 신중하고 후회가 별로 없다. 이런 식으로 1년 가까이 욕망 분석이란 주제로 나를 살펴보면서 열등하다고 생각한 점을 내 기질로 껴안을 수 있는 용기를 얻었다. 또 하나, 욕망을 재발견하였다. 욕망 분석은 하고 싶은 마음을 넘어 그 마음을 움직이는 건 무엇인가를 보려는 것이다. 누구도 당신이 옳다거나 당신 꿈을 이해한다고 말해주지 않을 것이다. 그 과정은 생각보다 쉽지 않을 수 있다. 그러나 인도의 유명한 철학자 까비르도 그렇게 말하지 않았던가. 세상에서 가장 멀고 긴 여행은 자신에게 돌아오는 여행이라고. 이 방법을 통해 나를 다시 발견하게 된다. "내가 이런 사람이었어?" 하며 고개 빼고 돌아보게 되는 것이다.

'욕망 분석'은 당신을 껴안고 출발한다. 당신에게서 욕망을 이끌어 내고 그 뿌리를 찾아가게 도와줄 것이다. 마음 편히 임할수록 좋다. 내가 진정 원하는 것이 무엇이고, 내가 살고 싶은 삶이 어떤 것인지 알고 싶다면, 욕망 여행을 떠나 보시길. 내 욕망의 끝을 잡고 가는 과정에서 자신을 재발견할지도 모른다. "어라? 내가 이런 사람이었어?" 하고 말이다.

그렇다. 당신은 원래 그렇게 멋진 인간이었다!

| 욕망 요리법 요약 |

욕망 분석이란

　꿈은 소망, 호기심, 관심, 열광하는 것들에서 발생한다. 내가 자연스럽게 끌린 것은 무엇인가? 무언가에 나도 모르게 끌리는 것은 내 안에 그에 대응하는 무언가가 있다는 신호다. 욕망 분석은 하고 싶은 것(욕망)을 따라가며 나의 진짜 욕망을 발견하는 과정이다. 욕망을 찾고, 가짜 욕망을 걸러낸다. 그리고 그 안에 남은 것을 들여다보며 그것이 내게 무엇을 말하는지 찾는 것이다.

　이를 통해 얻을 수 있는 효과는 크게 두 가지다. 첫째, "아, 나라는 인간이 이렇구나!" 하고 자기 기질을 알게 된다. 생각보다 훨씬 멋진 당신을 발견하게 될지도 모른다. "내가 이런 사람이었어?" 하며 고개를 빼고 돌아보게 되는 것이다. 둘째, 욕망을 재발견하게 된다. 욕망 분석은 하고 싶은 마음을 넘어 그 마음을 움직이는 건 무엇인지 보는 일이다. 따라서 당신이 어떤 삶을 꿈꾸는지를 근본적으로 살펴보는 데 많은 도움을 줄 것이다.

욕망 분석이 적합한 사람

- 하고 싶은 것을 모르는 사람, 혹은 그것을 찾고 싶은 사람
- 의욕 상실에서 헤어나지 못하는 사람.
- 생긴 대로 나답게 잘 살고 싶은 사람
- 마음 끝까지 들어가 볼 준비가 되어 있는 사람

욕망 분석 과정

❶ 욕망을 불러낸다

나만의 욕망 리스트를 작성한다. 어린 시절에 나는 무엇을 하면 즐겁고 행복했던가? 무엇을 보면 흥분되고 가슴이 떨렸던가? 6개월 뒤에 죽는다면 무엇을 하고 싶은가? 실패하지 않는다면 무엇을 하고 싶은가?

❷ 욕망을 손질한다

욕망에는 불순물이 많고, 진짜 욕망은 쉽사리 드러나지 않는다. 그렇기 때문에 맛있는 요리를 위해서 거짓 동경, 유사 욕망 같은 가짜를 잘라내고 걸러내는 작업이 필요하다. 그로부터 본디의 욕망을 찾아낼 것이다.

❸ 욕망에 맛을 더한다

여러 과정을 거치며 남은 욕망을 통해 다시 한 번 깊숙이 내게로 들어가는 시간이다. 남은 욕망을 바탕으로 내가 살고 싶은 미래를 그려 본다(비전 퀘스트). 그리고 그에 맞는 자기 이름을 새로이 지어 본다(이름 짓기). 마지막으로 나만의 주문을 만들어 내가 살고자 하는 삶에 더욱 가까이 이를 수 있게 한다.

주의!
무엇보다 자신에게 솔직해져야 한다.
내면을 살피고 찬찬히 들여다볼 수 있는 시간과 공간을 확보해야 한다.

 한명석

만약 그대가 좋고 싫은 것이 분명하고, 마음이 움직여야만 몸이 움직이는 사람이라면, 하루라도 빨리 그대의 기질을 꽃피우는 일에 매진할 것을 권하고 싶다. 우리는 우리가 아닌 것으로는 살 수 없는 부류이기 때문이다. 그대가 몰입할 수 있는 영역을 조용히 따라가라. 시간과 노력을 들여 키우고 차별화하라. 이보다 더 좋을 수가 없다.

4장_네 번째 강점 발견법
몰입 경험 분석

나도 모르게 빠져드는 일에 내가 있다

당신은 어떤 일을 할 때 그 일에 흠뻑 빠져드는가?

· ·

어느 환자가 정신과 의사를 찾아가 삶이 즐겁지 않다고 말했다. 의사는 그에게 코미디 대가의 공연을 보면 기분이 좋아질 것이라고 권했다.

환자는 말했다.

"제가 바로 그 사람입니다. 저는 관중에게 기쁨을 선사하지만 그건 그저 제 일일 뿐입니다. 즐거운 것은 관중이지 제가 아닙니다. 저는 즐겁지가 않습니다."

이 일은 정신과 의사에게 큰 충격을 주었다. 도대체 즐거움이 누구의 몫인지가 불확실해졌다. 의사는 우울해지기 시작했다.

결국 의사는 코미디 대가를 찾아가 말했다.

"저도 즐겁지 않습니다."

코미디언이 물었다.

"당신은 많은 사람의 우울증을 치료해 주고 그들이 다시 기쁨을 찾게 해 주지 않았습니까? 그런데 어째서 즐겁지 않은 거죠?"

정신과 의사가 말했다.

"그건 제 생활일 뿐입니다. 즐거워지는 것은 환자들이지 제가 아닙니다."

공자는 논어 옹야편에서 즐김의 중요성을 강조하였다.

"그것을 알기만 하는 사람은 그것을 좋아하는 사람만 못하고, 그것을 좋아하는 사람은 그것을 즐기는 사람보다 못하다(知之者 不如 好之者, 好之者 不如樂之者)."

자신이 잘하는 일을 할 때에는 즐겁다. 또한 그 일을 즐겁게 할 수 있다면 그 일을 잘하거나 잘할 수 있는 소질을 지닌 것이다. 그러므로 자신의 소질과 강점을 알기 위해서는 자신이 즐겁게 할 수 있는 일을 찾으면 된다. 당신은 어떤 일을 할 때 즐거운가? 그곳에 당신의 강점이 있다.

또한 좋아하는 일에는 쉽게 몰입할 수 있다. 그리고 자신이 쉽게 몰입할 수 있는 일은 잘해 내게 되며, 힘든 줄도 모른다. 그러므로 자신이 몰입할 수 있는 일을 알면 거기서 자신의 강점을 발견할 수 있다.

|미쳐야만 살 수 있는 사람들|

미쳐야만 살 수 있는 사람이라는 평을 들은 적이 있다. 내가 살아온 모습을 가만히 들여다보니, 그럴 듯한 평가라는 생각이 든다. 마음이 가지 않는 일에는 꼼짝도 하지 못한다. 의례적인 반복을 혐오하여 싫증을 잘 느낀다. 창조가 없는 삶은 무의미하다고 생각한다. 허위의식과 상투성을 경계하여 사교적인 빈 말을 극도로 싫어한다.

자연히 구색 맞추기 위한 모임이나 인간관계를 거부한다. 매사에 의미를 따져 보아서 함량 미달이면 몸과 마음이 움직이지 않는다. 언어에 민감하여 말이 통하지 않는 사람과 이야기 나누는 것을 극히 힘들어한다. 내게는 마음 하나밖에 없다. 하고 싶은 일은 하고, 하고 싶지 않은 일은 하지 않는 단순의 극치. 나는 원하는 것 한 가지를 얻기 위해 나머지 아홉 가지를 버릴 수 있는 사람이다.

즉흥적이고 단순한 내 성격을 부끄러워한 적도 있다. 한정치산자에 가까운 경제 감각과 인맥 관리라는 개념조차 없는 자기중심적 성격도 너무나 비현실적이다. 마음이 가는 대로 살다 보니, 내 발등을 찍는 일도 있어서 오랜 세월을 저당 잡히며 수습해야 했다. 그러나 인생의 중반을 넘어선 지금, 놀랍게도 나는 여전히 씩씩하다. 재산 불려가며 상식적으로 예의바르게 살아온 사람들보다 훨씬 젊다. 삶의 모든 장면에서 새롭게 시작할 수 있다고 믿는다. 나는 그 이유를 미하이 칙센트미하이의 책 『몰입(Flow)』에서 알았다.

칙센트미하이 교수는 긍정 심리학(positive psychology)의 제창자로, '삶의 질 연구소(Quality of Life Research Center)' 소장으로 있다. 그의 관심사는, 왜 어떤 사람들은 다른 사람들보다 삶의 난관에 잘 대처하고 행복을 잘 느끼느냐 하는 것이다. 30년에 걸친 그의 연구 결과는 플로(flow)라는 한 단어로 압축되었다. 플로란 어떤 행위에 깊게 몰입하여 시간 흐름이나 공간, 더 나아가서는 자신에 대한 생각까지 잊어버리게 될 때를 일컫는 심리 상태다. 다른 어떤 일에도 관심이 없을 정도로 지금 하고 있는 일에 푹 빠진 상태를 말한다. 이 경험 자체가 매우 즐겁기 때문에 이를 위해서는 어지간한 고생도 감내하면서 그 행위를 하게 된다.

무엇엔가 혹은 누군가에게 몰입하여 나 자신을 잊어버린다는 것은 굉장히 중요한 일이다. 다른 어떤 일에도 관심이 없을 정도로 그 대상과 하나가 되면, 시간이 눈 깜빡할 사이에 흘러가 버리기도 하고 아예 정지되기도 한다. 그야말로 무아지경이다. 무아(無我)의 경지, 잠시나마 내가 누구인지를 망각하는 최적 경험(optimal experience)을 하고 나면 이미 나는 어제의 내가 아니다. 다른 사람이든 운동이든 음악이든 관계없이 이들과의 상호작용에 모든 심리 에너지를 몰입시키면, 자아가 확장된다. 개별 자아였을 때보다 훨씬 커다란 활동체계의 일부가 되는 것이다. 제대로 사랑을 하고 나면 대박 성장을 하게 되는 이유가 여기에 있다.

살아가면서 플로를 자주 접하게 된다면, 자연히 사람들은 행복을 많이 느끼게 될 것이고 감성이 풍부해지며 계속해서 자아가 확장될 것이다. 나는 이 책을 읽으며 또 한 번 몰입을 경험했다. 마치 내 스타일에 이론적 근거를 마련해 주는 것 같았다. 어쩌면 한 문장도 버릴 것이 없었다. 나를 키운 건 팔 할이 '몰입'이었다.

이런 부류에 속하는 사람들은 '자기목적적'인 성향을 드러낸다. '자기목적적'이란, 사회에서 권장하는 일반적인 경로나 문화가 써준 각본에 따라 움직이는 것이 아니라, 스스로 정한 목표를 따르는 성향을 말한다. 당연히 이들은 사회가 제공하는 보상보다 자기 내면이 정한 보상에 더 기뻐하게 된다. 외부 평가가 아닌 스스로 정한 기준을 따라가기 때문에 자유롭다. 시대 유행이나 군중심리에 부화뇌동하지 않고 스스로 가치를 생산해낼 수 있다. 미래라는 허울을 위해 현재를 희생하지 않는다. 언젠가는 좋은 일이 일어나겠지 위안하며 따분한 하루를 보내지 않는다는 뜻이다. <u>스스로 정한 목표에 몰입하여 순간순간을 향유한다.</u>

아무래도 이런 성향은 '아티스트'들에서 많이 볼 수 있다. 그들은 삶이 안정이 아닌 감동이기를 바라고, 축적보다 발산에 의미를 두며, 자신을 표현하고 타인과 공감하는 일에 커다란 비중을 두며, 어떤 형태든 아름다움에 목숨을 거는 부류다. "아티스트? 나하고는 상관없는 일이야."라고 말하지 않았으면 좋겠다. 나 역시 불과 1년 전만 해도 그렇게 생각했으니 말이다.

아티스트란, 아름다움을 생산하는 일로 생계를 해결하는 사람이라고 보아야 할 것이다. 아티스트는 무언가 특별하고, 괴짜일 것이라는 편견이 있다. 그러나 넓게 보면, 표현하고자 하는 욕구가 살아 있는 사람은 모두 아티스트다. 그리고 한 시절을 살아낸 사람은 모두 아티스트다. 인생에 대해 하고 싶은 말이 마음에 그득먹하기 때문이다. 외로움, 그리움, 억울함, 꿈과 좌절, 희망과 절망, 우연과 필연, 일상의 황홀과 일탈 욕구, 권태와 돌파구, 익숙함과 새로움……. 우리 안에 들어 있는 그 많은 것이 꺼내 달라고 아우성치고 있지 않은가. 베레모를 쓰고 거들먹거리는 예술가가 되자는 것이 아니라, 우리 내면에서 솟구치는 표현 욕구를 외면하지 말자는 것이다.

| 나의 몰입 경험 |

　자, 이제 몰입한 경험에서 나를 찾아가는 여행을 시작하자. 먼저 그대가 살아온 과정을 통틀어 기꺼이 몰입하여 희열을 느낀 장면을 떠올려 보라. 편안한 자세로 몸과 마음을 이완시키고, 기억을 샅샅이 뒤져 보자. 무엇이라도 좋다. 아주 작은 일도 좋다. 그대가 아무런 조건 없이 아무런 제약 없이 자발적으로 빠져들어 순수하게 그 과정에서 기쁨을 느낀 일이면 된다. 우선 내 몰입 경험에 대해 말해 보겠다.

꼬맹이, 자연 안에서 행복하다
　내가 기억하는 가장 오래된 몰입 경험은 이런 것이다. 초등학교 2학년쯤의 일이다. 교과서에서 아이들 서넛이 조그만 시냇물의 줄기를 바꿔가며 모래밭 놀이를 하는 삽화를 보았을 때 내 마음에 퍼지던 평화를 기억한다. 정말 이상한 일이다. 정말 기억하는 것인지 기억한다고 생각하는 것인지, 무려 40년 전의 그 삽화가 생각난다. 질이 좋지 않은 종이에 그려진, 까까머리를 한 남자아이와 갈래머리를 한 여자아이 서너 명이 둘러앉아 노는 모습이다. 20대에 농촌 활동에 빠져들게 되면서, '아, 그때 그 경험이 자연과의 합일이었구나' 하고 정리되었다. 지금도 물가나 모래밭을 보면 마음이 편안해진다. 사람의 기호는 타고나는 것일까 궁금해진다.

20대, 농촌활동에 매료되다

대학 2학년 때 무심히 농촌활동에 참여했는데, 그것이 인생 경로를 틀어놓았다. 자연에 대한 동경과 농민에 대한 측은지심이 내 20대를 지배했다. 방학 때는 물론 시도 때도 없이 자매마을을 드나들었으며, 졸업 후에는 2년간 농사를 짓기도 했다. 완전히 동네머슴이었다. 아무 집이고 일손이 필요한 곳에 가서 일을 도와주었으며, 내 집처럼 드나들었다. 함께 일하고 함께 먹으며, 순박한 사람들과 자연 안에서 행복했다.

이제 와 생각하면, 내가 그 시절처럼 자연스럽게 주변 사람과 잘 어울리고 외향적인 때가 없었다. 풍광 수려한 강원도 산간마을이었던 것도 원인이 되었을까. 논이 없어서 쌀을 사다먹어야 했으므로 옥수수로 만드는 음식이 많이 개발되어 있었다. 옥수수로 묵을 쑤고 시루떡도 하는 식이다. 감자를 썩혀서 감자떡을 만들기도 했다. 가마솥 뚜껑을 뒤집어 화롯불에 올려놓고 전을 부치던 풍경, 품앗이로 고추밭에 비닐을 씌우는 공동작업, 산토끼를 잡아 만두 속을 넣었다고 부르러 오던 사람들. 나는 산골의 생활문화 하나하나를 끔찍하게 좋아했다. 그 시절은 내게 첫사랑으로, 평화로운 원형의 기억으로 각인되어 있다.

그 마을의 농산물을 서울로 직거래하거나, 신협 교육이나 의식화 교육에 주민과 함께 참여하기도 했다. 그러다 힘들면 교직생활을 해도 농촌을 선택했다. 결국 농사꾼과 결혼을 단행할 정도로 농민과 일체감을 느낀 시절이었다. 이 세상 사람들을 농촌에 관심 있는 사람과 그렇지 않은 사람으로 나눌 정도였다. 내게는 오히려 도시 중산층의 삶이 낯설었다.

로맨틱하다는 것

글쓰기에 집중하게 되면서 영화를 거의 보지 않게 되었지만, 전에 더러 영화를 볼 때 내 취향이 조금 유치하다고 느낀 적이 있다. 지극히 낭만적인 사랑 타령에 몰입하는 것이다. 생각나는 대로 적어 보자면, 영화로는 〈시애틀의 잠 못 이루는 밤〉, 〈당신이 잠든 사이에〉, 〈토마스 크라운 어페어〉가 생각나고, 텔레비전 드라마로는 〈발리에서 생긴 일〉을 꼽을 수 있다.

〈발리에서 생긴 일〉에서는 특히 조인성의 캐릭터가 돋보였다. 배우의 백치미를 완벽히 살린 듯한 상황 설정이 아주 흥미로웠다. 머리끝부터 발끝까지 럭셔리한 조인성이, 어떻게 인간의 얼굴이 저렇게 각이 질 수 있을까 의심스러운 용모를 가진 재벌가 자제가, 판자촌에 사는 하지원의 사랑을 얻기 위해 꺼이꺼이 울 때, 비현실적이라고 생각하는 분석은 뒷전이고 나는 완전히 그 설정 속으로 빠져 들었다.

탄광촌 아이들에게 서울 구경을 시켜주다

내가 근무하던 중학교 주변은 절반은 농촌이고 절반은 탄광지대였다. 탄광지대로 가정방문을 가면 시커멓게 쌓여 있는 석탄더미들은 물론, 네 세대가 연결되어 있는 일자집들까지 온통 시커먼 것들

뿐이었다. 아이들이 시냇물을 까맣게 그렸다는 것이 씁쓸한 유머로 전해 내려오는 동네였다. 어느 날 수업시간에 무심히 이야기를 나누다 대부분의 아이들이 도시에 나가본 적이 없으며, 바다를 본 적도 없다는 것을 알았다. 그 사실을 충격으로 받아들인 나는 궁리 끝에, 한 학기 동안 일정한 수업목표를 통과하는 아이들에게 서울 구경을 약속하였다. 그리고 마지막까지 남은 일곱 아이에게 며칠간 서울 구경을 시켜주었다.

참으로 영리하고 속 깊은 아이들이었다. 3년 전 스승의 날, 놀랍게도 그중 한 아이가 수소문 끝에 선물을 보내왔다. 20년도 더 지난 인연을 잊지 않은 임화순이가 내 한 시절을 생각나게 했다. 그 제자가 보내온, 커다란 체크무늬 숄과 보라색 머플러를 소중하게 사용하고 있다.

마흔, 사업을 확장하다

전업주부 노릇 8년 만에 아이들도 어지간히 크고 해서 조그맣게 글쓰기 교실을 시작했다. 4년간 직접 차량을 운전하며 강사 한 명을 데리고 소규모로 운영하다 보니 갑갑증이 일었다. 1년간 호시탐탐 기회를 노리다가 무리를 해서 건물을 신축하고 종합학원으로 확장했다. 그리고 사오 년간 학원은 문전성시를 이루었다. 하고 싶던 일을 실천에 옮길 때 나는 기분이 최고다. 다만 일을 시작할 때의 에너지를 끝까지 끌고 가는 힘은 약한 편이다.

막춤으로 무아지경에 들다

몇 년 전 지역 사람들이 단체로 남쪽 지방으로 여행을 갔을 때였다. 해남 땅끝마을에서였다. 여자 대여섯이 기분 좋게 한 잔씩 하고 가무를 시작하였다. 단란주점 같은 곳이었는데 손님이 우리밖에 없어서 홀을 점령하고 놀기 시작했다. 주점 주인 여자가 심심했는지, 우리보고 잘 논다고 감탄해 가며 신나게 구경을 하는 것이다. 단 한 명의 관객이라도 만족시켜야겠다는 쇼맨십이라도 작용했는지 다들 여흥이 도드라졌다.

한참 기분 좋게 놀고 있는데, 순간 이상한 느낌이 들었다. 음악과 완전히 하나가 되어 리듬을 타는 느낌, 물 흐르듯 매끄럽게 움직이는 내 몸이 보이는 듯했다. 이것이 유체이탈인가? 운동에는 아무런 관심도 소질도 없지만, 춤을 춰볼까 하는 생각을 늘 하고 있다. 가끔 따분하면 음악을 틀어놓고 몸을 흔들어 보기도 하는데, 이때 중요한 것은 음악에 빠져들어야 한다는 점이다. 동작에 신경 쓰지 말고, 음악에 충분히 몰입하면 음과 하나가 되는 느낌이 온다. 그러면 점점 동작도 매끄러워지고 스트레스가 해소되는 효과가 크다. 막춤으로도 충분히 몰입 경험을 할 수 있다.

6개월간 유화에 심취하다

가까운 곳에 편안한 화실이 생겨서 6개월간 유화를 그린 적이 있다. 전시회를 두 차례 연 중견 화가가 화실을 공개하여 서너 명이 드나들며 지도를 받았다. 평소 그림 보는 것을 좋아하긴 했지만 직접 그리는 것은 처음이었다. 그림을 좋아하지만 전시회를 열심히 찾아다니는 것은 아니고, 어쩌다 접하는 그림에 깊숙이 마음이 쏠리는 식이다. 특히 장 자끄 상뻬 식의 스케치나 단순한 연필화를 좋아하는데, 간단한 선 몇 개로 인물의 특징을 잡아내는 캐리커처를 보면 참 신기하고 나도 그려보고 싶다는 생각이 들곤 한다. 피곤할 때 화보가 많은 책을 보면 마음이 편안해진다. 신경 쓸 일이 있어서 불안할 때 하다못해 전원주택 책자라도 보면 위안이 된다.

유화를 그릴 때면 서너 시간이 후딱 지나갔다. 화실에 가지 못할 때에는 집에서 스케치를 했다. 꽃이나 맥주병 같은 것을 그릴 때, 대상을 똑같이 베꼈다기보다 느낌을 살렸다는 만족감이 들면 기분이 아주 좋았다. 6개월 만에 화실이 멀리 옮겨 가는 바람에 그림 그리기는 중단되었고 결국 되살리지 못하고 말았다. 그런데 곰곰이 생각해 보니, 나는 수시로 거의 무의식적으로 낙서와 그림을 끼적거리곤 해왔다. 물론 초등학생이 그린 만화 같은 수준이지만 말이다. 내가 하고 싶어 하고 즐기고 발전시킬 수 있는 분야는 유전자에 각인되어 있는 것인가 하여 신기하다.

구본형 변화경영연구소를 만나다

2006년에 변화경영연구소의 2기 연구원 활동을 했다. 1년에 필독서 50권을 읽고 독후감을 쓰며, 칼럼도 50편 쓰면서 훈련하는 과정이다. 그 다음 2년차에 자신의 책을 한 권 쓴 뒤에야 정식 연구원이 된다. 이 연구소와의 만남은 내 일생의 터닝포인트가 되었다. 막연하게 비춰지던 내 기질을 발견할 수 있었고, 오래도록 친하게 지내고 싶은 지기(知己)를 만날 수 있었으며, 동경하는 라이프스타일에 접속할 수 있었다. 나는 연구소를 만나서 인생 2막을 시작하게 되었다. 그저 내가 벌인 일을 추스르며 하루하루 버티던 일상에서 벗어나, 적극적으로 내가 원하는 삶을 디자인하기 시작했다. 주변에 닮고 싶은 역할모델이 있다는 것은 참으로 중요하다. 비슷한 고민을 하며 앞서거니 뒤서거니 꿈을 이루어가는 동료의 존재도 힘이 된다.

온라인을 주축으로 일상적으로 연결되어 있으며, 가끔 오프라인 모임으로 인간적인 정을 도모하는 형식도 내게 딱 맞았다. 혼자 놀고 혼자 일하는 타입이라, 외부에 너무 오래 노출되어 있으면 힘들기 때문이다. 연구소에 모인 사람들은 모두 구본형 소장님의 저서에 공감하고 모인 사람들이기 때문에 동질성이 상당히 높다. 자기실현 의지가 강하고 순수하며, 인문적인 소양이 있으며, 창의적인 부적응자의 기질도 많다. 다른 어떤 곳보다도 나와 비슷한 사람을 만날 확률이 높은 곳이다.

늘 곁에 있던 책

대여섯 살 무렵, 저 혼자 한글을 떼어 언니 교과서를 읽었단다. 어려서 말 잘한다는 소리를 많이 들었다. '변호사 시켜라' 뭐 그런 말, 하지만 60년대 마포골목 이야기니 그 수준은 믿을 것이 못 된다. 상대적이나마 언어 지능이 우세할 기미가 보인 셈이다.

초등학교 시절에는 동화책에 빠져들었다. 그때는 읽을 것이 흔치 않았다. 서민적인 부모님 역시 지적인 동기유발과는 거리가 멀었는데, 오남매 중에서 나만 책읽기를 좋아하는 것이 신기하다. 대체 사람의 기질을 결정하는 요인은 무엇인가, 다시 한 번 근본적인 질문을 떠올리게 한다. 어쨌든 나는 닥치는 대로 읽어치우는 난독(亂讀) 습관에 젖어 있었다. 옆집에 딱딱한 빨간 표지의 오십 권짜리 동화책 전집이 있었는데 그 책을 빌려보기 위해 그 집 아이 비위를 맞춘 기억, 고등학생이던 오빠가 숨겨놓은 야한 잡지를 보다가 들켜서 민망했던 기억이 떠오른다. 읽을 것에 대한 갈증은 자연스럽게 만화로 넘어가기도 했다. 만화를 정말 숱하게 보았다. 만화가게에서 나무로 만든 일자 의자에 앉아, 가령 10원에 열 권을 읽을 수 있다고 한다면 나는 같은 값에 그 두 배는 읽은 것 같다. 가게 주인의 눈치를 피해가며 읽느라 속독 훈련이 되기도 했다.

동화책을 읽으며 주인공과 하나가 되는 감정이입을 많이 경험했다. 알프스 소녀의 낭만, 빨간머리 앤과 길버트의 사랑, 소공녀의 자존심, 비밀의 화원을 따라가며 두근대던 심정, 날아가는 교실의 독특함 등을 내면화한 것이 지금도 고스란히 내 안에 남아 있다. 동화책이 내 감수성의 초석을 쌓은 셈이다. 지금도 내 기질은 그 시절에서 더 성숙하거나 세련되어지지 않았다. 동화책을 통해 내 기본적인 감성이 형성되었고, 사람의 기본은 그렇게 쉽게 변하는 것이 아닌 모양이다.

대학 시절에 필독서를 통해 따져 읽는 습관이 붙었다. 감수성이 예민한 편인데도 마냥 감상에 빠지지 않는다든지, 명확한 자기 세계가 있는 작가를 선호하는 것, 비판적인 안목 같은 것은 그 시절에 훈련된 경향이다.

  아이들을 낳고, 8년간 농사를 짓고, 13년간 초등학생 대상의 학원을 운영하던 생활인의 시기에도 늘 곁에 책이 있었다. 습관처럼 책을 몸에 붙이고 살았지만, 지극히 평범하고 산만한 독서였다. 외국 지명과 외국인 이름에 몰입되지 않아 외국 소설을 읽은 지 오래되었고, 호흡이 짧아서 대하소설도 못 읽는다. 전경린과 김형경의 책들, 장석주의 수필, '또하나의 문화' 동인지나 이주향의 책을 좋아했다.

  나의 책읽기 습관은 빨려드는 힘이 강하다는 것이다. 베스트셀러나 유행 같은 것에 좌우되지 않고, 내 감각이 이끄는 것에 깊이 몰입하여 하나가 된다. 가령 중년에 읽었는데도 이문구의 동시집 『개구쟁이 산복이』에 완전히 빨려드는 식이다. 저자가 시골에 살면서, 아이들을 키우며 길어 올린 동시들이 너무나 좋았다. 폼 잡는 것을 싫어하고, 진솔하고 생생한 글을 좋아하는 내게 딱이었다. 아이들에 대한 사랑이 그대로 배어나오는 살아 있는 동시를 읽으며, 자숙이와 산복이가 부러울 지경이었다. 아이들에게 동시를 써서 선물하는 아버지가 부러웠고, 글을 쓰는 것은 참 멋진 일이라는 생각이 들었다.

  구본형 변화경영연구소를 만난 것은 내 책읽기에도 근본적인 변화를 가져왔다. 우선 경영, 사회, 철학, 자기계발 등으로 독서 범위가 넓어졌다. 고미숙의 코뮌실험에서 접한 새로운 삶의 양식에 전율했으며, 뒤늦게 읽은 니체에게 매료되었다. '자기계발'이라고 하는 거대한 시장에 눈떴고, 미래의 트렌드를 읽어내서 독자적으로 해석하고 싶다는 욕망을 품게 되었다. 이즈음 책을 읽고 나면 반드시 북리뷰를 쓰는 습관이 들어, 글쓰기의 새로운 국면을 열기도 하였다. 결과적으로 내게 책과 떨어질 수 없는 인연이 있다는 생각을 굳히게 되었다. 오래된 습관에 새로운 직업의 단초가 숨어 있었던 것이다.

요즘은 좋은 책을 발견하고 소개하는 일을 어떻게 프로그램화할 수 있을까 생각한다. 놀이와 직업을 연결하여 신명나게 살고 싶다는 그 생각만 한다.

어떻게 글쓰기는 나의 구원이 되었나

모든 독자는 잠재적인 저자라는 말이 있다. 꾸준히 읽어온 책들이 인생 체험과 맞물리면서 저를 끄집어내 달라고 꿈틀거리기 시작했다. 그 조짐은 시(詩)로 시작되었다.

마흔을 훌쩍 넘은 어느 날, 무언가 내 안에서 나오고 싶어 한다는 느낌을 받았다. 자꾸만 토막말을 썼다. 그래서 무조건 시집을 찾아 읽기 시작했다. 너무 어려워서 무슨 소리인지 알 수 없는 시가 많았지만, 곧 내게 알맞은 시를 골라 읽을 수 있게 되었다. 약 3년 간 시만 읽었다. 습작을 하기도 했다. 무언가 우울한 일이 있을 때에도 좋은 시를 발견하면 마음을 풀고 밥을 먹었고, 시 비슷한 것을 한 편 끼적거리고 나면 날아갈듯이 기분이 좋았다. 마침 운영하던 학원이 불경기를 맞아 상당히 어려운 시기였는데, 시가 커다란 위안이 되어 주었다.

외국 시에는 별로 공감하지 못하는 편이다. 전통적인 서정시, 실험적인 시, 여성 관점의 시 등 세대와 경향을 막론하고 내가 공감할 수 있는 시 한 구절에 깊이 몰입하는 편이다. 그런데 지식의 양과 상관없이 깊이 몰입하는 것이 중요하다는 것을 『몰입』에서 확인했다. 그 책에서는 언어를 가장 창의적으로 사용하는 것이 시라고 강조하고 있다. 그러면서 훌륭한 시를 읽거나 시를 많이 읽는 것이 중요한 것이 아니라, 단 한 구절이라도 마음을 치고 들어오는 부분을 발견하는 것이 중요하다고 한다. 진심으로 감동한다면, 단어 하나를 가지고도 새롭게 시작할 수 있는 계기를 마련하게 된다는 것이다. 나는 그 부분을 읽으며, 내 책 읽는 습관이 정확하게 거기에 해당하는 것이 신기했다. 이론적이고 현학적인 것을 싫어하고, 진정성에 최고 가치를 부여하는 나는 시 한 구절이라도 내가 이해할 수 있는 진실을 발견하면 행복했다. 그것들은 내 안으로 들어와 내 일부가 되었다. 미당 서정주의 귀기가 좋고 신동엽, 김수영의 정서도 좋아한다. 이면우의 단아함, 김사인의 허허로움, 반칠환의 해학, 김선우의 자의식을 좋아한다.

 시를 읽기 시작하며 시인 한 사람에게 매료되기도 했다. 그의 언어가 속속들이 내게 들어와 마치 아는 사람같이 느껴졌다. 그가 자신의 시에 실어 보낸 꿈과 사랑, 생활과 좌절을 전부 이해했다. 시 속에 고스란히 한 인간이 들어 있었다. 다른 사람들은 누군가를 좋아하게 될 때 어떤 면을 먼저 보는가. 외모? 행동? 음성? 내게는 사람을 선택하는 계기에 언어도 아주 중요한 요인이 된다.

 1년간의 연구원 활동 기간은 몇십 년의 느슨한 독서 습관을 확장하고 확정함으로써 확실하게 나를 업그레이드시켜 주었다. 좀더 분석하며 책을 읽게 되었으며, 지식에 대한 탐구열이 왕성해졌다. 지식은 지식과 연결되어 있어, 지하에서 서로 손잡고 있는 가느다란 지식의 수맥이라도 발견할라치면 가슴이 사정없이 뛰었다. 달라진 책읽기는 고스란히 글쓰기로 연결되었다. 연구원 과정을 이수하면서 나는 글쟁이가 되고 싶다는 꿈을 품게 되었다.

돌이켜 생각하면 참 신기한 일이다. 전에는 특별한 사람에게나 인생의 터닝포인트가 존재하는 줄 알았다. 그런데 내게도 터닝포인트가 찾아왔으며, 남은 시간을 걸고 하고 싶은 일이 생겼다. 인생의 하프타임에 구본형 변화경영연구소를 만나 나는 새롭게 태어났다. 그리고 지금의 내 모습, 내 지향점이 아주 마음에 든다. 대리석 속에 숨어 있던 꼬마 아티스트라는 정체성을 캐낸 기분이다. 이 변화는 내 언어를 이해하고 내 가능성을 믿어주는 반사 대상이 있어 가능한 일이었다. 구본형 소장님은 내게 완벽한 반사 대상이 되어 주셨다. 나는 그분에게서 내 생애 최고의 인정을 받았다. 짧은 댓글이라도 진정성이 들어 있다면 충분히 감동을 준다. 진실한 박수갈채는 우리를 앞으로 나아가게 한다.

이제 글쓰기는 내게 최고의 즐거움이요, 소일거리요, 꿈이 되었다. 읽고 쓰는 일로 먹고사는 게 최대 목표가 되었다. 좌충우돌, 지리멸렬한 경험이 글을 쓰는 자산으로 변모하는 일은 짜릿하다. 살아 있는 한 지적 콘텐츠를 생산하는 현역이 되고 싶다는 생각은 매혹적이다.

사실 나는 글쟁이에 어울리는 기질을 타고난 셈이다. 혼자 일하는 것을 좋아하며 언어에 민감하고 창조를 귀하게 여긴다. 그런데 중년이 되도록 글을 쓰고 싶다는 생각을 한 번도 해본 적이 없었다. 모든 가능성은 그저 잠재력으로 존재했다. 인생의 전반부를 살아낸 체험과 연구소와의 만남이 잠재력에 현실적인 힘을 부여했다. 말하고 싶다, 이해받고 싶다, 소통하고 싶다는 욕구가 나로 하여금 글을 쓰게 했다. 무언가 글로 쓰고 싶은 것이 떠오르면 그렇게 좋을 수가 없었다. 게다가 누군가 내 글을 제대로 읽어주었을 때는 전율이 왔다. 글쓰기는 세상에 대고 쓰는 연애 편지요 감정적인 배설 행위요 카타르시스요 오르가즘이었다. 이렇게 글쓰기는 나의 구원이 되었다.

몰입 경험 분석으로 기질 추출하기

지금까지 내 인생의 몰입 경험을 정리해 보았다. 이 같은 개인의 몰입 경험을 분석하면 그 사람의 기질을 추출해 낼 수 있는데, 내 경우 인생의 중반을 넘어서며 쌓은 많은 체험으로 분석하기가 용이했다. 게다가 갖은 실수와 시행착오를 통해 나조차 잘못 알고 있던 기질의 우선순위가 정리되었다. 내가 반복해서 저지르는 행위 속에 내가 들어 있었다. 그 행위들의 공통점과 차이점을 곰곰이 따져보니, 겉으로 드러난 기질과 숨겨진 기질이 이해되었다.

아직 젊어서 체험으로 검증되지 않은 사람들은 몰입 경험에서 자신을 분석하기가 쉽지 않을지도 모른다. 겉으로 극명하게 드러나는 기질과, 은밀하게 숨겨졌으나 사실은 더 중요한 기질을 혼동하여, 내면의 메시지를 알아차리는 데 좀더 시간이 걸릴지도 모른다. 몰입 경험과 기질 자체를 연결하는 것조차 어려울 수 있다. 우선 내 사례를 참고하여 자신의 몰입 경험을 모두 정리해 보고, 다른 방법론도 섭렵하면서 자신에게 가장 알맞은 방법론을 찾아가기 바란다. 나는 내 인생의 몰입 경험을 통해 기질을 다음과 같이 정리하였다.

낭만 1 : 자연

초등학교 2학년이라는 어린 나이에 나는 자연 속에서 노는 아이들을 보고 감동했다. 내 마음에 잔잔하게 퍼지던 평화와 그리움을 아직도 기억한다. '언젠가는 나도 저렇게 놀아봐야지.' 그 단초를 증명이라도 하듯, 대학 2학년에 간 농촌활동에 사정없이 이끌려 들어갔다. 거기에는 '농민'이라는 인간도 있었지만, '자연'이 주는 편안함도 무시 못할 요인이었다.

나이 들면서 점점 산이 좋아지고 꽃과 나무를 사랑하게 된다. 나는 눈길을 끄는 꽃과 나무를 그냥 지나치지 못한다. 한 번 더 눈도장을 찍고, 한 번 더 쓰다듬어 주어야 한다. 이처럼 자연 지향적인 면이 있는 것은 사실이나, 좀더 심층 분석을 해보니 이런 결과가 나왔다. 내가 좋아한 것은 자연 그 자체가 아니라, '아름다움'이라는 포괄적인 것이다. 또 자연에 몰입한다는 것만으로 의미가 있는 게 아니라 '낭만'이라는 속성과 연결해서 보아야 의미가 있다.

낭만 2 : 측은지심

　강원도에서 중학교에 근무할 때, 아이들이 도시 구경을 해보지 않았다는 사실을 알고서 충격을 받았다. 그래서 곧바로 몇몇 아이들이나마 서울나들이를 할 기회를 만들었다. 나는 인간에 대한 연민을 잘 느끼는 편이다. 붕어빵 장사를 하는 여자가 너무 젊을 때 안쓰럽다. 뜻밖의 사고를 당한 사람들이 불쌍해서 며칠이나 마음에 두기도 한다. 관광지에서 유독 남루한 차림의 아기를 보아도 마음이 불편하다. 온 가족이 아기를 떠받들고 천하를 다 줄듯이 아이들 위주로 살아가는 요즘 세상에, 누가 아기에게 저렇게 촌스러운 옷을 입힌단 말인가. 출발부터 다른 그 아기의 성장 과정이 보이는 듯하다. 그런 내가 농촌 청소년과 일체감을 느낀 것은 당연한 일이다. 중학교만 마치고 공단으로 떠나는 아이들을 보며 가슴이 뻐근했다.

　그러나 이 측은지심도 한 걸음 더 들어가 보면 '낭만'과 연결된다는 생각이 든다. 진정한 측은지심을 지녔다면 종교적이거나 사회적인 활동을 했어야 했다. 내가 일체감을 품은 여성, 농민, 노인 그룹이 발전할 수 있도록 행동했어야 했다. 그러나 그렇게 하지 않았다. 20대에 농활에 몰두하고 농사꾼과 결혼까지 하는 흔치않은 선택 이후에 정작 농촌운동에 관심을 두지 못했다. 한 걸음 진보하기 위해 거쳐야 하는 수많은 논쟁과 수고의 번거로움에 진저리를 쳤다. 그래서 내 기질에서는 자연지향과 측은지심보다 낭만이 더 앞선다고 생각한다.

낭만 3 : 로맨틱 영화

내가 로맨틱 영화에 이끌리는 이유는 첫째 순수하기 때문이다. 현실성 여부를 떠나서 인간의 가장 순수한 측면을 그려낸 것이 로맨틱 영화가 아닐까? 그 다음에 이것저것 분석하는 성향을 보이는 내가 로맨틱 영화를 좋아하는 이유는 일종의 결핍 때문이 아닐까 싶다. 나는 20대에 제대로 된 연애를 해보지 않았다. 연애, 결혼, 중산층의 삶으로 이어지는 코스를 거부하느라 말랑말랑한 연애감정을 거부했다. 결혼할 때는 짧은 시간 눈이 맞은 사람과 신속하게 식을 올렸다. 그 과정은 연애라기보다는 선택이고 생활이었다. 결국 나는 결혼은 해보았으나 연애를 해본 적이 없는 사람이다. 그것에 대한 결핍감을 영화로 보완하는 것이 아닌가 싶다.

언어에 민감하다

어릴 때 말을 잘한다는 소리를 많이 들었다. 혼자 한글을 떼어 언니 교과서를 읽었단다. 그 후로 눈에 보이는 것은 닥치는 대로 읽어 치우는 편이었다. 대학 2학년쯤의 수업시간, 리포트를 가지고 발표하는데 다른 친구들은 대부분 원고에 코를 파묻고 읽었으나 나는 친구들을 쳐다보며 말하듯 내용을 전달할 수 있었다. 머릿속에 이미 내가 쓴 글이 입력되어 있었기 때문이다. 젊은 시간강사가 압도당하는 느낌이었다고 평해 주었다.

이 경험은 세월을 훌쩍 뛰어넘어 어느 대중연설 자리에서 확인된다. 1991년에 모 정당에서 삼천만 원을 들고 와서 도의원에 출마해 달라고 사정한 적이 있다. 대학 나온 여자가 농촌에 살고 있으니 벌어진 일이었다. 느닷없었지만, 하도 권하기에 못할 것도 없지 하는 기분으로 출마를 결정했다. 난생 처음 대중연설을 하게 되었는데 낯설지 않고 재미있었다. 초등학교 운동장에 모인 사람들을 웃게 하고, 내 말에 몰두하게 하고, 박수를 받는 기분은 최고였다. 이 부분에 혹시 숨겨진 어떤 기질이 있을지도 모르겠다. 활동성이나 나서기 좋아하는 측면 같은 것. 그러나 그 이상의 경험으로 확장되지 않았기 때문에 언어 기능과 표현 욕구에 넣기로 했다.

그리고 그 오랜 시간을 옆에 있어준 책. 아무리 생각해도 내가 그토록 오래 그리고 깊이 몰두한 일은 책읽기밖에 없다. 몇십 년간 일기를 끼적거려 왔다. 신경 쏠 일이 있으면 저절로 메모를 하게 된다. 옆에 종이와 필기도구가 없으면 불안하다. 언어 감각을 중요한 기질로 놓아야 하는 이유가 여기에 있다.

자유인, 학습인, 창조인

대학 나온 여자와 중학교를 중퇴한 농민과의 결혼, 흔치 않은 그 결혼이 가능했던 데에는 내 기질이 숨어 있다. 사회가 권장하는 스테레오 타입을 거부하고 내 선택대로 살고 싶어 하는, 자유에 대한 의지가 그것이다. 유난히 반복을 싫어하고, 권태를 잘 느낀다. 익숙해진 것에 매력을 느끼지 못하는 것도 늘 새로운 바람 냄새를 맡고 싶어 하는, 자유에 대한 욕구 때문이 아닐까. 책읽기를 좋아하는 것도 마찬가지다. 책 속의 그 많은 진보와 자유에 매혹되기 때문이다.

나는 어떤 반대급부가 있더라도 구속받고서는 살아갈 수 없는 유형이다.

나보고 세상에서 단 한 단어만 취하라고 한다면 '창조'를 선택하겠다. 나는 창조가 없는 인생은 무의미하다고 느낀다. 아주 작더라도 혁신적이고 창의적인 작업에 매료된다. 새로 나온 우유팩에 쓰인 글자체가 마음에 들어서 벽에 붙여놓고 보는 식이다.

이처럼 자유롭고 창의적이고자 하는 사람이 배우는 것을 싫어할 리가 없다. 무언가를 배우고 깨닫는 것이 좋다. '학습'의 맛을 안다. 나이 들어서는 공부밖에 할 것이 없다고까지 생각하게 되었다. 나는 자유인, 창조인, 학습인을 지향한다.

싫증을 잘 느낀다

하워드 가드너는 『열정과 기질』에서 프로이트와 간디, 피카소 같은 창조성의 대가 7명을 분석하고 있다. 창조성은 분석될 수 있는가라는 대전제에 도전하고 싶었다고 한다. 분석될 수 있다면 권장하고 교육할 수도 있으므로 대단한 연구 과제이기는 하나, 그 결과는 다분히 상식적으로 보인다. 가드너가 분석한 바로는 창조성의 대가들은 열정적이고 자기감정에 충실하며 그렇다 보니 당연히 변덕스럽고 경계인 성향을 지닌다고 한다. 그리고 10년을 주기로 창조적인 도약을 보인다고 한다.

나는 평범하기 그지없고 미약한 창조성의 씨앗을 가지고 있을 뿐이나, 기질만은 예술가와 많이 부합하는 것 같다. 나 역시 열정적이라 몰입을 잘 한다. 감정에 충실하다 보니 즉흥적이고 직설적이며 싫증을 잘 느낀다. 나 역시 10년 단위로 새로운 일에 몰두하며 살아왔다. 20대의 농촌활동, 30대의 육아와 전업주부 기간, 40대의 자영업, 그리고 글쟁이가 되고 싶어 하는 지금이 정확하게 10년 주기설과 일치한다. 물론 창조성의 깊이와 넓이, 성취도는 빈약하기 짝이 없지만 말이다.

표현하고 싶다

이 부분은 앞에서 말한 창조인의 범주와 같으나, 다시 한 번 강조하려고 한다. 얕은 수준이나마 늘 책을 읽으며 살아왔다. 읽고 쓰는 행위는 내게 가장 소중하고 원초적인 행위다. 그것이 모태가 되어 지금 글쓰기에 몰입하고 있다. 글은 가장 기본적인 나의 표현 도구다.

여기에서 주목할 것은, 책읽기가 글쓰기로 전환되었다는 점이다. 책읽기는 유서 깊고 독립적인 여흥이요 저력이요 레퍼런스지만, 그 자체로 능동적인 역할을 하지는 못한다. 글쓰기라는 적극적인 자기표현 수단으로 변환되었을 때 비로소 책읽기도 제구실을 다한다. 책읽기의 수동적인 성격상 자기만족은 가능해도 자기표현과 자기실현까지는 도달하기 어려울 것이다.

또한 읽기와 쓰기에 기름을 부어준 것은, 인생 중반까지 살아온 체험이다. 체험을 통해 내 언어를 갖게 되었고, 절실하게 토해 내고 싶은 이야기가 생겼다. 중년이 새로운 출발의 계기가 되는 것은 체험이 있기 때문이다. 체험을 통해 나에 대해 정확하게 알게 되었고,

내 욕망을 따라나설 절박함을 느끼게 되었다. 나는 중년에 도달한 사람들이 인생 전반부와 아주 다르게 살아가는 것도 괜찮다고 생각한다. 이제껏 살아오면서 발견한 정체성 중에서 가장 강력한 것을 추구하는 것이다. 그렇게 생각하면 젊은 날은 워밍업이고, 중년 이후의 삶이 알짜배기다.

언어 감각에 편중된 내가 몸을 가지고 무언가를 한다면, 그것은 춤이 될 것이다. 춤은 몸을 가지고 하는 표현이다. 내가 처음으로 춤을 춘 것은 중2 소풍 때였다. 그때는 소위 노는 애들만 춤을 추던 시대였다. 야외 전축에서 클리프 리처드의 〈Big Ship〉이 돌아가고 있는데, 눈치를 보느라고 아무도 나서지 않고 있었다. 나는 노는 그룹이 아니었고 그때까지 춤을 한 번도 춰본 적이 없었다. 그런데도 누구보다 먼저 아이들이 모여 있는 원 속으로 들어가, 음악에 맞춰 팔과 다리를 움직였다. 그 일로 해서 촌스러우면서도 대담하다는 평을 들었다.

이 글을 쓰다 보니, 표현 욕구는 물론이고 무엇을 표현 도구로 고를까 하는 것조차 타고나는가 하는 생각이 든다. 오남매 중에 나만 언어에 관심을 보인다. 그리고 틀림없는 음치인데도 음악에 맞춰 몸을 움직이고 싶은 신명이 있다.

그림에도 끌린다. 초등학교 시절에 미술대회에서 한두 번 상을 탄 적이 있고, 여고시절 미술 선생님에게서 칭찬을 들은 적도 몇 차례 있다. 짧은 시간이나마 유화에 몰두하기도 했다. 시각예술에 본능적으로 끌리는 부분이 있으니, 집중적으로 시간을 투자해서 표현

도구를 확장할 필요가 있다. 사진의 경우 보는 것은 좋아하나, 막상 내가 찍으려니까 카메라를 매개로 한다는 것이 번거롭고 귀찮았다. 그 대신 연필과 종이에 훨씬 많이 끌린다. 마음에 드는 노트와 필기도구를 발견하면 행복하다. 종이로 만든 제품을 아주 좋아한다. 아이들 장난감 중에서 종이벽돌이라든지, 종이로 만든 1회용 책상 같은 것에도 마음이 간다. 이런 취향을 종합해 볼 때, 캐리커처나 스케치 정도는 훈련하는 것이 좋을 성싶다. 종이와 연필을 가지고 놀 수 있도록 연습하고 싶다.

사람들을 잘 관찰한다

이 부분은 넓게 보면 언어 감각에 속하는 부분이다. 글을 읽으면서 그 글을 쓴 사람의 성정과 관심사, 상황을 짐작하는 데 능하다. 책을 통해서 접하는 저자라면 책에서 받은 느낌을 실제로 확인할 기회가 흔치 않지만, 사이트에서 보는 글은 다르다. 나는 대개 온라인과 오프라인 모임을 겸하기 때문이다. 행간을 읽는 힘이 강하다고나 할까. 글쓴이가 비중을 두었든 아니든, 두세 번 반복해서 나타나는 단서를 놓치지 않는다. 그 단서를 연결하면 하나의 스토리가 된다. 글을 읽으면 글 쓴 사람이 훤히 보인다고 할까. 이는 실제 그 사람을 만났을 때 그대로 확인된다.

처음에는 내가 느끼는 것을 남들도 다 느끼는 줄 알았다. 만천하에 공개된 글이고, 그 글 속에 다 드러난 내용이므로. 그런데 아니었다. 대부분의 사람은 숨겨진 단서는 둘째 치고, 명확하게 강조된 부분도 기억하지 못했다. 이로 해서 인물 평전 중심의 글을 써보는 것이 어떠냐는 권유를 받았다.

사람들을 직접 접할 때에도 섞여서 친밀하게 대화하고 즐기기보다는 관찰을 즐기는 편이다. 이 사람은 이런 유형의 사람들에게 끌리나 보구나, 이럴 때 이렇게 반응하는구나, 미세하게 목소리를 떨고 있네, 흠 나르시시즘이 지나치군 하는 식이다. 그런데 이 버릇은 결코 좋은 버릇이 아니다. 사람은 판단의 대상이 아니라 친밀감을 나누는 대상이기 때문이다.

감정이입과 이미지 떠올리기에 능하다

책이나 신문기사에서 접하는 사람들과 일체감을 느끼는 경우, 그 사람의 상황을 내 것인 양 생생하게 공유하는 편이다. 이러한 감정이입은 심상 기능과 쌍둥이인 것 같다. 가령 '알프스의 소녀'가 지붕 밑 방에서 건초더미를 깔고 별을 보며 잠드는 장면에서는, 곧바로 그 이미지가 떠오르며 각인된다. 나도 언젠가 그런 집에서 살아봐야지 하는 식이다. 성폭력에 대한 기사나 호러 영화를 못 볼 정도다. 마치 내가 그 장면에 있는 것처럼 생생하게 느낀다.

김형경의 자전소설 『세월』을 읽고 나서는 마치 그녀를 아는 사람같이 느꼈다. 성정과 상황을 깊이 이해하게 되었으므로, 차기작인 여행 에세이 『사람 풍경』이나 본격적인 상담 에세이 『천 개의 공감』에서 드러나는 그녀의 변화와 성장을 내 일처럼 기뻐한다.

무슨 일을 하고 싶어지면 그 일에 대한 장면이 비디오처럼 펼쳐진다. 이처럼 심상 기능이 뛰어난 사람이 성취동기가 높다고 한다. 뇌는 사실과 상상을 구분하지 못하기 때문에, 상상을 자주 떠올리는 것만으로도 뇌 기능이 활성화된다는 것이다. 내 경우 심상 기능에 비해 성취동기가 떨어진다. 승부 근성이나 오기가 약하기 때문이다.

외골수인 편이다

책읽기와 글쓰기에 재미를 붙이면서 영상물에 대한 흥미를 아주 잃어버렸다. 영화나 드라마를 끝까지 보지 못할 정도로 매력을 느끼지 못하게 된 것이다. 하고 싶은 일이 떠오르면 다른 어떤 일로도 대체되지 않고 꼭 그 일을 해야 만족한다. 마찬가지로 특정한 사람에게 흥미를 느끼게 되면 빠져 드는 편이다. 이런 경향 때문에 흔치 않은 결혼도 가능했으리라 짐작한다.

혼자 일한다

나는 같은 공간에서 여럿이 함께 일해야 하는 상황을 견디지 못한다. 혼자 있어야 마음이 편안하고 비로소 상상력이 발동한다. 농촌활동을 할 때나 가르치던 아이들에게 서울 구경을 시켜 주었을 때처럼 다른 사람들과 함께 하는 경우에 이끌린 적도 있으나, 자세히 보면 모두 혼자만의 자기만족에서 시작한 일이다.

나는 혼자 일하고 혼자 충일감에 빠지는 유형이다. 오래도록 사람들과 어울리면 많이 피곤하다. 사실 외향적인 사람들을 잘 이해하지 못한다. 쉽게 사람을 사귀고, 어울림에 대해 늘 열려 있는 사람들을 불가사의하게 느끼기까지 한다. 내부에서 에너지를 받고 즐거움을 발견하는 내 경향에 비추어, 사람들에게서 에너지를 받는 유형이 있을 수 있겠구나 짐작해 볼 뿐이다.

단, 개인적으로 한 작업을 조율하고 종합하는 저술 여행과 같은 만남은 좋아한다. 내가 가장 좋아하는 형태의 어울림이다. 일상적인 대화로 점철된 사교적인 자리가 제일 힘들다. 내게는 일상성이 없고, 사교성도 없기 때문이다. 그 대신 창조적인 작업을 위한, 주제와 목표가 있는 토론에 열광한다. 관심 있는 주제에 대한 이야기를 할 때에는 목소리에 힘이 붙고 강하게 몰입한다. 재치 있는 말솜씨와 화제가 없는 대신, 지나친 의미부여와 관찰 습관이 있는 나로서는 당연한 일이다. 늘 주제 있는 이야기를 하고 싶어 하니 본의 아니게 다른 사람의 마음 깊은 곳을 건드리는 수도 있다.

| 몰입 경험 분석의 실제 |

지금까지 몰입 경험을 토대로 내 기질을 분석해 보았다. 몰입한 기억을 전혀 떠올릴 수 없는 사람에게는 이 방법이 적당하지 않다. 매사에 의미를 부여하는 사람이라면, 이 방법을 권한다. 굵직한 몰입 경험을 떠올리다 보면, 생각지 않게 자잘한 기억이 따라오기도 한다.

내 몰입 경험은 대체로 정적이고 언어 영역으로 치우친 감이 든다.

사실 음악과 신체 영역에 문외한인 것이 늘 서운하다. 사람에 따라 몰입 경험은 다양할 수 있다. 심지어 반사회적일 수도 있다. 처음에는 좋다 나쁘다를 따지지 말고, 무조건 자신이 빠져든 일을 모두 되살려 보기 바란다.

기억을 되살리는 데 참고가 되도록 예를 적어 보면 다음과 같다.

- 몸을 놀리는 일 : 모든 스포츠, 춤, 요가, 섹스, 정원 가꾸기, 사냥, 목공, 고장 수리
- 손을 놀리는 일 : 뜨개질, 컴퓨터 게임, 조립
- 예술적인 영역 : 미술, 음악, 영화 감상, 연기
- 일하기 : 직업적인 모든 일
- 지적인 영역 : 독서, 글쓰기, 공상, 명상, 추리하기, 공부, 철학, 발명
- 사회적인 영역 : 다른 사람에게 조언하기, 아기 돌보기, 수다 떨기, 애완동물 돌보기, 쇼핑, 사람 사귀는 일
- 비사회적인 영역 : 도벽, 마약 중독·알코올 중독 등 각종 중독

1) 몰입 경험 찾기

몰입했던 장면을 모두 떠올려 기록해 보라. 다음과 같은 질문이 도움이 될 것이다.

- 밤을 새워가면서 해본 일, 혹은 하고 싶었던 일은 무엇인가?

- 누가 말려도 기어이 하고 싶은 일에는 무엇이 있는가?

- 내일모레가 시험인데도 지금 공부 말고 따로 하고 싶은 일이 있는가?

- 3년 이상 집중해서 해본 일이 있는가? 무엇인가?

- 계속해도 질리지 않는 일에는 무엇이 있는가?

2) 바람직한 몰입 경험 골라내기

이제 당신이 기록한 장면에서 비사회적인 부분을 걸러내자. 어떤 몰입도 지나치면 역기능이 있다. 쇼핑이나 게임 등 각종 영역, 심지어 대인관계에서도 지나친 몰입은 중독이 될 수 있다. 일반적으로 말하자면 쾌락과 즐거움을 구분하는 기준은 '자아 성장'이다. 그 일에 몰두함으로써, 자아가 확장되었다면 그 일은 바람직하다. 다음과 같이 질문을 던져 바람직하지 않은 기질을 걸러내라.

- 그 몰입 장면은 다른 사람이 만든 즐거움인가, 당신이 직접 만든 즐거움인가? 즉, 당신은 몰입의 생산자인가, 소비자인가?

- 그 일을 하면서 먹고살고 싶은가?

- 그 일로 유명해지고 싶은가?

- 그 일에 몰두하는 것이 남들에게 알려져도 창피하지 않겠는가?

- 당신 자녀가 이 일을 하고 싶어 하면 권할 만한가?

3) 기질 목록 작성하기

 이제 당신의 몰입 경험에서 드러난 기질을 말로 적어 보자. 이 작업이 쉽지 않으면 참고할 자료가 있다. 리처드 N. 볼스가 지은 『나를 명품으로 만들어라』에는 재능을 나타내는 단어가 270여 개 정리되어 있다. 이 단어 리스트를 읽다 보면, 인간이 할 수 있는 영역이 이렇게 다양했던가 감탄이 나온다. 지휘, 보존, 통합, 건설, 통제, 조정, 대처, 상담, 디자인, 분석, 상상, 기록, 관찰, 상담, 결정, 고안, 발견, 분배, 전환, 제거, 추진, 평가, 기억, 고치기, 모으기 등. 대단하지 않은가. 사람에게 드러나는 소질은 거의 망라되어 있다고 보아도 좋을 것이다.

 이 단어 목록을 보면서 내 기질과 연결되는 영역을 찾아보는 것도 좋다. 순간적으로 '내 것'이라고 느껴지는 것들을 살펴보아도 괜찮다. 평소에 약점이라고 생각했던 기질을 다른 측면에서 바라보는 것도 도움이 된다. 다른 사람들 일을 내 일처럼 생각한 나머지 자꾸 참견하는 성향을 지닌 사람은 상담, 조정, 중재, 코치 같은 영역에 강점이 있을 수 있다. 다른 사람을 지시하고 휘두르기 좋아하는 성향은 지휘, 통합, 선도, 조직, 판정, 감독 같은 영역으로 연결될 수 있다고 본다. 그와 반대로 평소에 수동적이라고 생각하는 사람은 듣기, 따르기 영역에 강점이 있는 것이다. 여기에 당신의 기질 목록을 작성해 보라.

_____

_____

_____

_____

_____

_____

4) 기질 우선순위 정하기

    기질 목록에서 중요한 순서대로 우선순위를 정해보자. 내 기질 중 1순위는 읽기와 쓰기다. 2순위는 관찰이며, 3순위는 공부로 생각한다. 순위를 매길 때 다음과 같이 질문해 보면 도움이 될 것이다.

- 얼마나 자주 그 일에 빠져들었나?

- 얼마나 깊이 그 일에 몰두했나?

5) 기질 연결하기

이제 따로 떨어진 기질들을 두세 가지씩 연결해 보라. 이런 작업은 구체적인 직업을 떠올리거나, 새로운 분야를 개척하거나 더 강력한 시너지 효과를 분출하는 데 도움이 된다. 내 경우를 예로 들자면, 언어에 민감한 것과 창조인, 표현 욕구가 만났을 때, 글쟁이밖에 달리 할 것이 있겠는가. 여기에 관찰자적 시선까지 가세하면, 인물 평전 중심의 글을 잘 쓸 수 있을지도 모른다.

또한 언어 지능과 학습인을 연결하면, 평생학습 분야에서 틈새를 발견할 수도 있다고 본다. 싫증을 잘 느끼는 기질을 참고하여, 분기별로 일을 안배한다든지 해서 내가 원하는 일의 형태를 좁혀나갈 수 있는 것이다.

6) 기질을 문장화하기

이제 추상적인 내 기질에 살을 입혀서 문장으로 정리해 놓으면 강점으로 활용하는 데 많은 도움이 된다.

예를 들어 '책'에서 얻는 것이 많고 '공부하기'가 내 기질이라면, 두 가지를 연결해서 이렇게 정리해볼 수 있다. "나는 책읽기를 통해 자기학습과 성장을 꾀하는 사람들에게 관심이 많다." 그러면 좋은 책을 소개하는 일을 중심으로 여러 가지 일을 기획할 수 있게 된다. 좋은 책을 소개하는 책을 쓸 수도 있고, '관계'나 '치유'라는 키워드 중심의 책을 선별할 수도 있고, 프로세스를 좀더 세심하게 보완하여 강의안을 만들 수도 있다고 본다. 고령화시대와 내 기질을 접목한다면 이런 문장도 나올 성싶다. "나는 시니어 세대가 실용적 동기가 아닌, 순수한 학문적 동기로 인문학 공부를 하는 데 관심이 많다."

당신의 중요한 기질을 완전한 문장으로 정리해 보라. 언어화는 아주 중요한 기술이다. 우리에게 분명한 이미지를 줌으로써, 자신감과 실행력까지 북돋워 주기 때문이다.

| 탐험 그 후 |

열 살, 나는 손에 잡히는 것은 무엇이든 읽어치우는 아이였다. 책에서 읽은 어려운 단어를 섞어 말할 때, 얼굴을 찌푸리던 언니가 생각난다. 아버지는 유독 나를 예뻐해 주셨다. 늘 공기처럼 숨 쉬어지던 아버지의 사랑. 오남매 중에서 조금 영리한 편이라는 것, 글짓기와 미술에서 가끔 상을 타온다는 사실이 아버지를 그토록 기쁘게 했을까.

스무 살, 스터디그룹에서 읽은 필독서들이 '따져 읽기'의 근간이 되었다. 타고난 측은지심을 사회적 의식으로 포장하여, 농촌에서 20

년을 보냈다. 내 기질이 '평등'보다는 '자유'에 맞추어져 있었으므로, 농촌 활동에 이렇다 할 성과를 나타내지는 못하였다.

　이후로 아이들을 키우고 학원을 운영하며 멋모르고 좋은 시절을 다 허비하였다. 그래도 늘 손에 책을 잡고 있었다. 대단한 독서력은 아니지만, 내게 다가오는 책과 저자에게 깊이 교감하는 편이다. 그들로 해서 나는 외롭지 않았고, 내가 아닌 것들을 거부할 수 있는 힘을 기르게 되었다.

　그리고 지금, 나와는 상관없다고 생각했던 어르신의 연배에 도달하고 말았다. 그러나 사람은 언제든지 출발할 수 있고, 언제까지나 성장할 수 있다고 생각한다. 이것 역시 책에서 배운 자기학습 능력과 진취성 덕분이다. 내 기질, 강점, 욕구와 인생 전반부를 살아낸 체험을 종합한 결과, 글쟁이가 되겠다는 꿈을 품게 되었다. 일 년에 한 권 정도 책을 쓰고, 일주일에 두 번 정도 강의를 하면서 먹고살 수 있는 '행복한 글쟁이'가 되고 싶다.

　이 책을 쓰기 위해 구본형 소장님과 연구원 7명이 2박 3일간 저술 여행을 갔다. 5월의 끝, 신록에서 초록으로 가는 중, 사람으로 치면 막 사춘기를 벗어나, 풋내와 성숙한 내음이 뒤섞인 묘령의 숲이 향기로웠다. 전날 내린 비로 불어난 개울물이 힘차게 소리 지르며 내려갔다. 회색 구름이 빠르게 움직이며 푸른 하늘이 드러났다. 산할아버지가 구름모자 쓰고 있는 지리산 줄기, 이모작을 하느라 누렇게 익은 보리와 밀이 초록색 배경 속에서 이국적인 색채를 연출하고 있었다. 우윳빛 마가렛, 붉디붉은 작약, 노란 붓꽃, 보라색 물이 뚝

뚝 떨어지는 자주달개비 옆에서 순한 강아지 몇 마리가 낯선 이에게 꼬리를 흔들었다. 이따금 꿩 울음소리가 정적을 깨고 울렸다.

하동군 악양면 꽃뫼 자락의 황톳집, 2박 3일간 오로지 책 쓰는 이야기만 하자는 구본형 소장님의 부드러운 엄명 아래 우리는 치열하게 책에 관한 토론을 펼쳤다. 처음 해보는 공저 실험이므로 독자에게 도움이 되는 책을 쓸 수 있을까 반신반의하기도 했다. 그러나 토론을 거듭하며 좋은 책을 쓸 수 있다고 확신하게 되었고, 자연스레 세부적인 사항에 대해서도 의견 일치를 보게 되었다. 한 사람씩 자기 사례에서 도출해 낸 강점 발견법에 대해 발표하면 다른 사람들이 집중적으로 피드백을 해주는 방식이었는데, 시간이 흐를수록 우리의 기획은 형태를 갖추어 가며 충실해졌다. 점차 자신감이 차오르며 우리 모두 흡족하고 행복해졌다. 생각하고 토론하고 글을 쓰는 일을 가지고 이렇게 잘 놀 수 있다니, 늦도록 계속된 토론 사이사이 차분한 낙수 소리가 꿈만 같았다.

이곳이 어디인가, 이들이 누구인가. 나는 2박 3일간의 순간순간을 아까워하며 음미했다. 아주 오래 전부터 내가 원해온 삶의 방식이 여기에 있었다. 주제가 있는 토론, 말이 통하는 지기(知己), 지식을 생산해 내는 공동체. 조용한 희열이 몰려왔다.

나는 이제껏 살아오면서 지금의 내가 제일 좋다. 나로 살아가기로 마음먹었기 때문이다. 있는 힘을 다해서 하고 싶은 일이 생겼기 때문이다. 지나친 의미 중심, 자폐적 경향과 경미한 조울증을 가지고 저잣거리에서 사느라 많이 힘들었다. 글쟁이가 될 수 있다면 내 기질에 콤플렉스를 느끼지 않아도 될 것 같다. 돌이켜 보면 아주 어릴 때부터 내 기질은 드러나 있었다. 그런데 그 기질을 강점으로 확인하기까지 너무나 많은 시행착오를 거쳐야 했다.

  만약 그대가 좋고 싫은 것이 분명하고, 마음이 움직여야만 몸이 움직이는 사람이라면, 하루라도 빨리 그대의 기질을 꽃피우는 일에 매진할 것을 권하고 싶다. 우리는 우리가 아닌 것으로는 살 수 없는 부류이기 때문이다. 다행히도 수명은 연장되었고, 개인화와 감성이 중시되는 시대가 되었다. 문화의 영역이 확장되어 '창조적 소수자'가 운신할 수 있는 폭도 넓어졌다. 살아갈수록 '몰입할 수 있는 능력'이 얼마나 중요한지 알겠다. 스스로 즐거움을 생산할 수 있고 인생을 누릴 수 있기 때문이다. 그대가 몰입할 수 있는 영역을 조용히 따라가라. 시간과 노력을 들여 키우고 차별화하라. 이보다 더 좋을 수가 없다.

| 몰입 경험 분석 요약 |

몰입 경험이란

몰입 경험이란, 이제껏 살아오면서 누가 시키지 않아도 어떤 일에 깊이 빠져들었던 경험을 말한다. 사람에 따라서 몰입 분야는 스포츠, 예술 같은 영역부터 게임과 도박 같이 비사회적인 영역까지 다양하게 나올 것이다. 일단 비사회적인 영역은 논외로 하고, 순기능적인 몰입 경험 속에 강점이 숨어 있다고 전제해 보자. 자발적으로 몰입한다는 것은 그 일을 좋아한다는 것이고, 좋아하는 일을 오랫동안 반복해 오면서 강점이 다져졌을 가능성은 아주 높기 때문이다.

어떤 사람들에게 적합한가

이 방법은 좋고 싫은 것이 분명한 자기 최면이 강한 성격에 적합하다. 대부분의 사람은 사회가 규정해 준 역할이나 가이드라인을 잘 지키며 산다. 하지만 어떤 사람들은 자신이 정한 목표가 아니면 꼼짝도 하지 못하는 기질을 타고났다. 그들은 기존 상식에 질문하는 사람이고 새로운 시도를 하는 사람이며, 그 결과 이 사회의 외연을 넓히고 새로운 가치를 창조하는 사람이다. 예술가, 사회활동가, 혁명가 등 창의적이고 혁신적인 성향을 보이는 사람들이 이에 속한다.

몰입 경험 분석 절차

- 이제껏 몰입했던 장면을 모두 찾아 기록해 보라.
- 사회성, 생산성의 측면으로 몰입 경험을 걸러 내라.
- 몰입 경험에서 드러난 기질을 언어화하라.
- 기질 목록의 우선순위를 정하라.
- 기질을 연결, 확정하여 문장화하라.

이 방법을 택한 사람들에게

- 자신의 기질을 거부하지 말라. 작가 전경린은 서른세 살 즈음에 세상이 눈앞에서 가만히 쓰러져 눕더라고 표현했다. 더는 상식에 맞추어 살기를 포기했다는 것이다. 당장 현실적인 요소를 거부하라는 것이 아니다. 자신의 기질을 파악했다면, 장기적인 관점에서 계획을 세울 수 있을 것이다. 몰입 경험 안에서 가장 행복한 자신의 기질을 인정하라.
- 천재적인 예술가와 비교하지 말라. 다행히도 세상이 감성 위주, 개성 위주, 문화 위주로 변하고 있다. 몰입할 수 있는 사람들에게 아주 좋은 조건이 무르익고 있다. 뛰어난 성취를 이룬 사람들과 비교하여 섣불리 좌절하지 말라. 다른 사람하고 경쟁하지 말고, '어제의 나'와 경쟁하라. 한 시간 더, 한 번 더 노력하고 즐기며 나아가다 보면, 그대 역시 일정한 경지에 도달하게 될 것이다.

오병곤

애초에 계획했던 것보다 탁월한 성과를 거두었다면
자신의 강점과 능력이 최고로 발휘된 것으로 볼 수 있다.
기대치를 훨씬 뛰어넘어 성과를 낸 경험을 떠올려 보자.
거기에 자신의 강점이 숨어 있다.

5장 다섯 번째 강점 발견법 피드백 분석

탁월한 성과에 숨어 있는 당신의 보물을 찾는다

당신이 그동안 살아오면서 이루어낸 가장 빛나는 성취는 무엇인가?
목표로 세운 것보다 탁월한 성과를 낸 적이 있는가?

● ●

초원에서 사냥개 한 마리가 영양 한 마리를 쫓아가고 있었다. 하지만 아무리 달려도 영양을 따라잡을 수가 없었다. 결국 사냥개는 바닥에 엎드려 거친 숨을 몰아쉬며 영양에게 물었다.

"이봐, 실력으로 따지면 내가 너보다 빠른데 왜 너를 따라잡지 못하는 거지?"

영양은 "그건 아마 우리의 목적이 다르기 때문일 거예요!"라고 대답했다.

사냥개는 이해할 수가 없어서 물었다.

"목적? 무슨 목적?"

"달리는 목적 말이에요. 당신은 임무를 완성하고 당신 주인의 눈에 들기 위해 달렸겠지만 나는 내 목숨을 부지하기 위해 달렸거든요."

일의 성과는 목표를 어떻게 설정하느냐에 따라 많이 달라진다. 누구나 손쉬운 노력으로 달성할 수 있는 시시한 목표와, 잠재능력을 최대한 끌어올려야만 달성할 수 있는 목표는 시작부터 차이가 난다. 애초에 계획했던 것보다 탁월한 성과를 거두었다면 자신의 강점과 능력이 최고로 발휘된 것으로 볼 수 있다. 물론 순전히 운에 의해 성과가 결정된 경우는 제외하고 말이다. 기대치를 훨씬 뛰어넘어 성과를 낸 경험을 떠올려 보자. 거기에 자신의 강점이 숨어 있다. 뛰어난 성과는 강점이 발휘되지 않고는 달성되기 어렵다.

터닝 포인트 – 인생의 문이 닫힐 때

나 이제 내가 되었네
여러 해, 여러 곳을 돌아다니느라
시간이 많이 걸렸네
나는 이리저리 흔들리고 녹아 없어져
다른 사람의 얼굴을 하고 있었네

— 메이 사튼, 「나 이제 내가 되었네」

이 글을 쓰자니 1999년 초 IMF 구제금융 광풍이 몰아치던 추운 겨울날이 오랫동안 머릿속을 맴돈다. 당시 나는 농협 전산시스템 구축 프로젝트에 참여하여 김천, 안산, 파주 등을 장돌뱅이처럼 떠돌았다. 하루는 숙소 근처 허름한 식당에서 식사를 하고 있었는데 본사에서 급한 일이 있다고 호출이 왔다. 버스를 타고 회사로 가는 마음이 왠지 편치 않았다.

오랫동안 현장 근무를 하다 보니 낯설어서였을까? 사무실로 들어서는 순간 냉기가 감돌았다. 부서장은 고생이 많다고 하면서 이것저것 근황을 물어보다 한참 동안 아무 말이 없더니 갑자기 이번 구조조정 대상에 포함되었다고 통보하였다. 돌연 가슴이 답답해지고 시간이 멈춘 듯하면서 아내와 아이의 얼굴이 떠올랐다. 자존심을 내세울 상황이 아니었다. 나는 이런저런 이유를 모두 대며 부서장에게 읍소를 했다. 결국 부서장과의 오랜 인연으로 간신히 구조조정 대상을 면할 수 있었지만 나는 다시 춘천으로 일을 하러 떠났다.

춘천에서 6개월을 보내며 고된 근무를 마칠 무렵 다음 행선지가 수원으로 정해졌다. 2년 넘게 계속된 지방 근무로 심신이 피폐해졌지만 쉴 틈이 없었다. 수원 사무실은 출퇴근이 무척 힘들었다. 당시 나는 연신내에 살고 있었는데, 매일 마을버스, 시내버스, 전철, 택시를 타고 가는 강행군을 해야 했다. 왕복 5시간을 날마다 길거리에 쏟아 부었다.

수원 프로젝트에서 맡은 역할은 막중하였다. 모든 업무에 대한 분석과 설계를 포함하여 고객과의 미팅, 프로젝트 관리를 도맡아 진행해야 했다. 고객사 쪽 사람은 다른 회사와의 통폐합 문제 때문에 연일 집회와 시위에 참가하여 얼굴조차 보기 힘들어 나는 직접 현업 부서에 전화를 해서 업무를 협의해야만 했다. 매일 밤늦게까지 일을 했고 집에 가면 녹초가 되었다. 설상가상으로 당시 여러 가지 집안 문제로 골머리가 아팠다.

그러던 어느 날, 야근을 하기 위해 추어탕을 먹고 사무실로 들어오는데 갑자기 온 몸에 힘이 빠지고 어질어질하여 그대로 계단에 주저앉았다. 저녁을 잘못 먹어서 체한 줄 알고 손가락을 땄지만 쉽게 가라앉지 않았다. 불안과 공포가 엄습해 왔다. 급기야 택시를 타고 응급실로 갔는데 의사는 별 말없이 링거만 놓아 주고 퇴원시켰다. 그것이 병의 시작이었다는 것을 알기까지는 그리 오래 걸리지 않았다.

그 후로도 발작 같은 증상이 몇 번 계속되었다. 곧 죽을 것 같다가도 응급실에 누워 있으면 괜찮아지는 일이 반복되면서 심란했고 우울했다. 병원에 가서 종합진단을 받았는데 결과는 정상이었다. 하지만 증상은 더 심해져 극도로 신경이 날카로워졌다. 출퇴근을 하기가 힘들었다. 전철을 타면 갑갑해서 뛰쳐나가고 싶었다. 5층 이상에 올라가면 고소공포증이 온몸을 휘감았다. 결근이 잦아졌고 출근을 하더라도 전철에서 부축을 받아야만 했다.

어느날 오후, 속이 안 좋아 내과에 들렀다가 신경정신과를 찾아갈 것을 권유받았다. 당시 유명하다는 한 정신과를 찾아갔더니 의사는 '공황장애(panic)'로 판정하였다. 공황장애를 인터넷에서 검색해 보니 '인체를 보호하기 위해 일어나는 일종의 투쟁·도피 반응으로 응급 반응의 일종이며, 실제적인 위험 대상이 없는데 일어난다. 죽거나 미치거나 자제력을 잃을 것 같은 공포감이 동반될 수 있다.'고 쓰여 있었다. 내 상황에 딱 들어맞는 진단이었다. 나는 곧 죽음이

들이닥칠 것 같은 불안 속에 살고 있었다. 의사가 약물치료와 인지행동 치료를 병행하면 완치될 수 있다고 말했지만 나는 그 말을 신뢰할 수 없었다. 인터넷에서 공황장애를 겪는 모임에 가입해서 게시판을 샅샅이 훑었지만 희망을 찾지 못했기 때문이다.

아주 증세가 심했던 어느 퇴근길에 의사가 처방해준 약을 하나 먹었다. 금세 불안감은 사라졌지만 다리에 힘이 확 풀리고 기운을 차릴 수가 없었다. 길바닥에 주저앉았는데 눈물이 하염없이 흘러내렸다. 그때 마음 속 깊은 곳에서 큰 울림이 일렁거렸다. '내 앞에서 인생의 문이 닫힐 때 너무 오래 머무르지 마라. 두드리지 마라. 뒤돌아서 다시 가다 보면 새로운 인생이 열릴 것이다.'

아침에 일어나니 몸이 너무나 무거웠다. 출근하지 못하고 다시 자다가 오후 늦게 일어났다. 창밖으로 지나가는 사람들을 보고 있는데 눈물이 왈칵 솟았다. 사람들 사이에 끼지 못하고 홀로 빈 방에 앉아 한숨만 쉬고 있는 내 모습이 처량했다. 저녁이 되니 증세가 점점 심해져 도저히 참을 수가 없어 동네 약국에 갔다. 약사는 맥을 짚더니 한방 치료제를 조제해 주었다. 희한하게도 별로 기대하지 않은 그 약을 먹고 증세가 조금씩 호전되었다. 때마침 기천문(氣天門)이라는 전통 무예를 알게 되었는데 내 영혼의 맥(脈)이 되어준 이 기천문 덕택에 심신은 한층 안정을 찾아갔다.

살아야 한다는 절실함이 고개를 들었다. 제대로 꽃 한 번 피우지 못하고 이대로 주저앉을 수는 없었다. 더는 무너지도록 내버려 두고 싶지 않았다. 내게 찾아온 시련을 피할 수는 없지만 시련에 대한 내

태도를 선택할 수는 있는 법이다. 아내의 격려가 큰 힘이 되었다. 집에 가만히 앉아 있는 시간이 많아져 책을 자주 보게 되었다. 그때 책 속에서 내게 큰 용기를 준 사람은 프랑스 시인 폴 발레리와 변화경영전문가 구본형이다. 폴 발레리의 다음 명언은 지금까지 좌우명으로 삼고 있다.

'용기를 내어 그대가 생각한 대로 살지 않으면 머지않아 그대는 사는 대로 생각하게 된다.'

그동안 생각한 대로 살고 싶은 욕망이 절실하지 못했다. 용기가 없었다. 그러다 시간은 흘렀고 돌이키지 못할 지경까지 온 것이다. 그렇지만 이제 주어진 대로 그렇게 시시하게 살다 가고 싶지 않았고 다시 예전으로 돌아가고 싶지 않았다. 구본형의 첫 책 『익숙한 것과의 결별』은 이후 내 인생의 터닝포인트가 되었다. 그의 표현대로 나는 불타는 갑판에 서 있었다. 이 책을 읽고 갑갑한 현실에서 과감하게 탈출하여 내가 무엇을 잘할 수 있는지, 무엇을 꿈꾸는지, 진정 좋아하는 것은 무엇인지 '진정한 나'를 찾아 나섰다. 드디어 인생 제2막이 소리 없이 시작되었다.

| 피드백 분석을 통한 강점 발견 사례 |

1) 기술사 자격증 취득 도전

||||| 1단계 : 계획 세우기

　2001년이 시작되면서 나는 의미 있는 터닝포인트의 구체적인 기회를 찾고 싶었다. 약 2년 동안 지방을 떠돌며 계속된 프로젝트에 몸과 마음이 심하게 지쳐 있었다. 솔직히 말하자면, 이렇게 프로젝트를 전전하면서 지내다가는 회사에서 진급하기 어렵다는 판단이 첫 번째 이유였고, 또 무언가 새로운 진로를 모색하고 싶은 마음이 간절한 것도 큰 이유였다.

　그러던 어느 날, 회사 게시판에 기술사 자격증 시험 지원자를 선발한다는 공지사항이 게시되었다. 바로 나를 위해 예비된 길이라는 자아도취적 직감이 쏜살같이 지나갔다. 지원자는 대략 20명이었는데, 예비시험을 거쳐 나와 다른 한 명이 선발되었다. 선발된 직원에게 회사에서 학원비 150만 원과 시험 응시료를 지원해 주었다. 일단 아내와 회사 동료에게 기술사 자격증을 따기로 했다는 사실을 알렸다. 또 이미 취득한 선배 기술사에게 조언도 구하고 자료도 얻었다. "끝까지 포기하지 말고 열심히 하라"는 격려도 들었다. '포기하지 말고.' 이 말의 의미를 깨닫기까지는 그리 오래 걸리지 않았다. 장모님은 보약을 한 재 지어 주셨다. 눈물 나도록 고마웠다.

2단계 : 계획과 결과 비교하기

본격적으로 준비하기 전에 다음 도표에 네 가지 목표와 목표 달성 기준, 목표에 대한 기대 수준 등을 기록하였다.

기술사 합격	목표 달성 기준	자격증 취득	
	기대 수준	응시 3회 이내 자격증 취득	
	결과와 점수	1회 응시에 합격, 2001년 12월 자격증 취득	B
	잘한 점	- 처음부터 시험을 볼 때까지 약 1년간 끈기 있게 꾸준히 공부함 (평일 3~4시간, 휴일 10시간 이상) - 최초 응시에 집중, 전력을 기울임	
	드러난 강점	성실, 목표 지향	
	개선할 점	건강관리를 소홀히 하여 시험을 앞두고 컨디션 조절에 실패	
정보통신 지식 이해	목표 달성 기준	영역별 지식 Topic 서브노트/핵심노트 작성	
	기대 수준	2001년 8월까지 300개 Topic 이해	
	결과와 점수	기한 내 300개 Topic 서브노트 정리	B
	비 고	경영기술, 데이터베이스, 소프트웨어공학, 최신기술, 네트워크, 하드웨어 등 정보통신의 전 분야	
	잘한 점	- 마인드 맵(Mind Map) 활용, 지식체계를 체계적으로 구조화함 - 엑셀을 활용하여 Topic 하나당 10줄 내외로 핵심을 정리함 - 정리 내용을 녹음, 반복 청취하는 새로운 방법을 적용함	
	드러난 강점	정리 능력, 창의성	
	개선할 점	숲을 먼저 보지 못하고 나무로 접근하여 시행착오를 겪음	
진급	목표 달성 기준	진급	
	기대 수준	2002년 상반기 진급	
	결과와 점수	2002년 상반기 진급	C
	잘한 점	진급 심사 전에 기술사 시험에 도전, 타이밍을 잘 맞춤	
	드러난 강점	판단력	
	개선할 점	없음	
새로운 진로 모색	목표 달성 기준	부서 이동	
	기대 수준	연내 비즈니스 컨설팅 부서로 이동	
	결과와 점수	부서 이동 실패	D
	잘한 점	정보통신 분야 이외에 비즈니스에 대한 관심으로 외연을 넓힘	
	드러난 강점	학습 능력	
	개선할 점	비즈니스 컨설팅 직무로 전환하기 위한 사전 준비가 미흡	

기술사 시험이 끝난 후 도표에 결과를 기록했으며, 잘한 점, 드러난 강점, 개선할 점에 대해 분석을 시도하였다.

3단계 : 강점 분석하기

기술사 자격증 취득에 도전한 결과 기술사 합격증을 예상보다 빨리 취득하게 되었고, 정보통신(IT) 지식체계를 명확하게 이해할 수 있게 되었다. 두 가지 목표에서 어떤 강점이 발휘되었기에 이처럼 성취가 높을 수 있었을까?

강점 1 - 성실

기술사 시험에 도전하기로 마음먹은 후에 좋아하던 술과 담배를 과감히 끊고 공부를 시작했다. '적어도 3번의 응시 기회 내에 승부를 내자. 그리고 절대 포기하지 말자.' 각오가 비장했다.

프로젝트를 수행하던 중이어서 시간 확보를 하는 게 관건이었다. 일단 10시 전에는 귀가하기로 마음을 먹고 집에 와서 서너 시간은 공부를 했다. 휴일에는 아침 9시에 집 근처 독서실로 가서 밤 12시에 돌아왔다. 그렇게 꾸준히 약 1년간 공부했다. 부모님 생신 등 아주 특별한 경우 이외에는 본가에도 가지 않았고, 날씨 좋은 봄날에 가족과 나들이 한 번 제대로 가지 못했다.

기술사 수험 전문기관에서 실시하는 모의고사에는 반드시 참석했다. 내게 기술사 합격 비결을 물어보면 대답 중 하나는 모의고사다. 실전보다 좋은 연습은 없다. 나는 인문학을 전공한 덕택에 논술에는 어느 정도 자신이 있었다. 그러나 모의고사를 처음 보고 난 느낌은 기술사 시험은 정말 무식한 시험이라는 것이었다. 종일 볼펜으로 답안지에 쉴 새 없이 쓰다 보면 손가락이 저려온다. 왕도는 없으며, 꾸준한 연습만이 합격을 보장한다. 기술사 시험은 엉덩이 살로 결정되며, 행운은 반드시 준비된 자에게만 찾아온다.

강점 2 – 목표 지향

자격증 시험의 첫째 목적은 자격증을 취득하는 것이다. 나는 항상 목표를 세울 때 그 결과를 먼저 이미지로 그려 보는 습관이 있다. 가령 기술사 자격증을 취득한 후를 상상하는 것이다. 기술사가 새겨진 명함을 건넬 때 상대방이 놀란 표정으로 나를 쳐다보는 모습, 자기소개에 기술사라는 타이틀이 쓰여 있는 프레젠테이션 자료를 고객사에 제공하는 장면, 기술사 수당 항목이 찍혀 있는 급여명세서를 보는 장면 등이다.

강점 3 – 정리 능력

기술사 시험 공부를 하면서 시행착오를 겪은 것 중 하나는 숲이 아니라 나무부터 접근하는 방식을 취했다는 점이다. 그러다 보니 해당 기술이 전체에서 어떤 위치를 차지하는지에 대한 개념이 부족하여 부분적으로 이해할 수밖에 없었다. 다시 시작하기로 마음먹고 먼저 숲을 보기로 했다. 전문기관에서 제시하는 OBS(Object Breakdown Structure)에 따라 정리해 보기로 했다. OBS는 전체 지식 목록을 최상위부터 톱다운(Top down)으로 정리한 것인데, 내 나름대로 이해하면서 마인드맵으로 다시 그려 보았다. 개념을 대략 이해하면서 전체 숲을 그려 보니, 심봉사 눈이 떠지듯 눈앞이 훤해졌다. '숲에서 나와야 숲이 보인다.' 무릇 공부라는 것이 다 그렇겠지만 특히 기술사 공부는 숲의 이미지를 먼저 떠올린 후 각 목록을 하나씩 정리해 나가야 한다는 것을 깨달았다.

    수험 준비로 정신없이 하루하루를 보내다 보니 어느새 시험이 코앞으로 다가왔다. 시험을 한 달 앞두고 그동안 정리한 서브노트를 엑셀로 옮기는 작업을 했다. 답안 작성 구조에 따라 키워드 중심으로 간략하게 정리하는 방식인데 한 목록당 열 줄에서 스무 줄로 정리했다. 그러면서 키워드를 더 명확히 이해하게 되었고 답안 전개 연습도 겸하게 되어 일석이조의 효과가 있었다. 그리고 나만의 노하우 하나. 엑셀 내용을 녹음하고 출퇴근 시간을 포함하여 기회가 있을 때마다 청취했다. 처음에는 내 목소리를 듣는 게 다소 어색했지만 이내 친숙해졌다. 반복을 통해 해당 목록에 대한 키워드를 무의식에 담는 과정이었다. 기술사 시험은 충분히 생각하고 쓸 여유가 없다. 개요를 잡고 일필휘지로 내달려야 한다. 내 안에 잠든 키워드를 깨워야 한다. 사람마다 다르겠지만 내 경우에는 녹음 청취 방법이 톡톡히 효과를 냈다.

2) 구본형 변화경영연구소 연구원 지원과 첫 책 출간

||||| 1단계 : 계획 세우기

　2005년 1월, 약 1년 동안 진행한 프로젝트를 마무리하고 본사에 복귀한 그날의 기억이 생생하다. 자리에 앉아 정말 오랜만에 구본형 변화경영연구소 홈페이지를 방문하게 되었다. 우연이었을까? 그날은 수수한 홈페이지가 부산한 느낌이었다. 홈페이지 왼쪽 공지사항에 New라는 글자가 깜빡거리고 있었다. 구본형 변화경영연구소 1기 연구원을 모집한다는 공고였다. 일종의 개인대학이다. 왠지 모르게 마음이 동했다. 난 중요한 선택의 순간에는 직감을 중요하게 여긴다. 마음이 끌리는 곳에 내 갈 길이 있다고 믿는다. 개인사를 20쪽으로 적어 내는 것이 응시 조건이다. 20쪽이라고 하지만 자기 이야기를 적어 내기는 쉽지 않은 일이다. 설 연휴에 본가에 다녀오는 것 이외에는 모든 일을 제치고 보름 동안 지원서 작성에 몰두했다.

　연구원에 지원한 이유 중 하나는 지금 시점이 인생의 터닝포인트이며 제2의 인생을 준비해야 한다고 절실하게 느꼈기 때문이다. 전반기 인생이 대부분 내 의지와 무관하게 진행되었다면 후반기 인생은 그야말로 나의 멋진 날들이 되어야 한다고 생각했다. 내가 하고 싶은 일을 스스로 찾아 나가고 남은 인생 동안 그 일에 매진할 수 있는 나로 거듭나고 싶었다. 이번 기회는 그러한 후반기 인생의 준비를 위한 좋은 계기가 될 것이라는 확신이 들었다. 당시 내 각오를 파스칼은 이미 오래 전에 이렇게 표현해 주었다. "해야 할 일을 하고 있는가! 이것은 가장 중요한 과제다. 왜냐하면, 당신 인생에서 오직 하나의 의미는 신이 원하시는 이 짧고 제한된 시간 속에서 할 일을 하고 있는가 아닌가에 달려 있기 때문이다. 당신은 지금 당신이 해야 할 일을 하고 있는가 뒤돌아볼 때다." 자기가 할 일을 발견한 사람은 행복할 것이다.

직장생활을 하면서 나는 알게 모르게 내가 커 나갈 수 있는 여지에 부족함을 느끼고 있었다. 언젠가는 회사를 나와야 한다. 내가 이 직장에 있는 시간은 길어야 앞으로 칠팔 년 내외일 것이다. 그럼에도 안개와 수풀을 헤치고 나가야만 하는 출구가 잘 보이지 않는다. 나는 역량에 따라 평가받고 싶다. 내 실력으로 세상에 당당히 나서고 싶다. 나만의 전문성으로 성장하고 싶다.

나는 지원서 맨 뒷장에 이렇게 감회를 적었다.

> 한참 시간이 흐른 어느 날 푸른 동해 바닷가에서,
> 내 지난 인생을 반추해 볼 때
> 맨 먼저 키보드를 뜨겁게 응시하며 나의 개인사를 지우고 또다시 작성하고 있는 모습이 떠오를 것이다.
> 그리고
> 1년간의 변화경영연구소 활동이 나의 제2의 인생을 위한 밑알이 되었음을 깊이 감사하며 우연이 필연이 될 수도 있음을 깨닫고 있을 것이다.

운 좋게 합격하여 그해 3월부터 본격적인 연구원 활동이 시작되었다. 연구원 2년차는 1년차 때보다 힘들었던 것 같다. 1년차에는 정해진 과제에 따라 진행하고 또 동료 연구원들과 함께한다는 소위 동기 의식이 있어서 크게 부담되지 않았다. 그렇지만 자신의 관심사를 홀로 돌파하고 글을 써야 하는 2년차에는 부담이 늘 따라 다녔다. 더욱이 회사에서 국제 표준 기반의 프로세스를 구축하고 인증을 획득해야 하는 막중한 책임을 맡게 되었다.

그래서 써야 된다는 강박관념은 있었지만 자신이 없었다. 무엇을 쓸 것인가는 분명했다. 그동안 정보통신 분야에서 일하면서 실감한 문제를 해결할 수 있는 단초를 제공하는 책이었다. 정보통신 개발자(프로그래머)가 월화수목금금금이라는 답답한 현실을 박차고 일어나 어떻게 경력을 쌓고 희망을 만들어 갈 수 있을 것인지 그 해답을 제시하는 통찰력 있는 책을 쓰고 싶었다. 어느 날 우연히 한 출판사의 원고 모집 광고를 보고 내가 써야 할 책의 방향을 잡을 수 있게 되었다.

"쓰는 사람도 무엇을 쓰는지 모르고 쓰는, 그런 '차원 높은(?)' 원고 말고 여기저기서 한 줌씩 뜯어다가 오려 붙인, 그런 '누더기' 말고 마음의 창을 열고 읽으면 낡은 생각이 오래 묵은 껍질을 벗고 새롭게 열리는, 너와 나, 마침내 우리를 더불어 기쁘게 하는 땀으로 촉촉이 젖은 그런 정직한 원고."

좋은 책은 그 속에 자신의 이야기가 담겨 있어야 한다. 내 책의 첫 독자는 바로 나다. 그렇지 않으면 책은 한낱 지식을 전달하는 도구에 지나지 않는다.

책 제목을 '대한민국 개발자 희망보고서'로 정하고 몇 군데 출판사와 접촉하였다. 책 콘셉트와 목차, 샘플 원고에 대한 의견을 주고 받으면서 내용이 내 의도와 다르게 변질되는 듯한 느낌이 들었고, 또 시간이 허비되었다. 책을 다 쓴 후에 출판사와 만나기로 마음을 먹었다. 결국은 품질이다. 품질이 좋으면 출판사가 안 내줄 리 없다는 일종의 오기를 갖고 책에 집중하기로 마음먹고 대장정을 시작하였다.

2단계 : 계획과 결과 비교하기

본격적으로 출간을 준비하기에 앞서 다음 도표에 네 가지 목표와 목표 달성 기준, 목표에 대한 기대 수준 등을 기록하였다. 또 연구원 활동과 출간 후에 도표에 결과를 기록하고 잘한 점. 드러난 강점. 개선할 점에 대해서 분석을 시도하였다.

연구원 과제를 성실히 이행	목표 달성 기준	매주 독후감이나 칼럼을 홈페이지에 등록하고 프로젝트 과제를 수행	
	기대 수준	낙오하지 않는다.	
	결과와 점수	1년 동안 포기하지 않고 무사히 과정을 마침	B
	비고	연구원 1년차 : 독서, 칼럼, 과제 수행 연구원 2년차 : 책 출간	
	잘한 점	– 책을 읽고 정리를 잘함 – 기대 수준은 낮았으나 목표를 포기하지 않고 꾸준히 달성하려고 노력함	
	드러난 강점	정리 능력, 성실	
	개선할 점	중간에 슬럼프를 겪으면서 과제를 제대로 하지 못함	

책 출간	목표 달성 기준	연구원 2년차에 책 출간	
	기대 수준	실제 출간은 기대하지 않았고 한번 써 보자는 수준이었음	
	결과와 점수	− 계획보다 다소 늦게 이듬해 2월에 출판되었으나 내 생애 최초의 책을 출간하여 연구원을 졸업함 − 출간 후 서평이 좋음 − 케이블TV에 출연하였고, 외부 강연도 다니게 됨 − 무엇보다 책을 쓰면서 자신이 많이 배울 수 있었음	A
	잘한 점	− 독자들에게 매우 유익한 책을 꼭 내고 싶다는 희망과 도전정신을 갖고 집필함 − 정보통신 분야에서 다른 책과 차별화된 책을 씀 − 바쁜 직장생활에서도 꾸준히 시간을 투자하여 계획한 기간 내에 책을 출간할 수 있었음.	
	드러난 강점	최상주의자, 정리 능력, 목표 지향	
	개선할 점	없음	
휴먼 네트워크를 통한 동반 성장	목표 달성 기준	오프라인 모임 참석률	
	기대 수준	− 오프라인 모임 참석률 100% − 서로 스승이면서 친구인 관계로 발전	
	결과와 점수	− 공식 오프라인 모임 이외에 비공식적으로 빈번히 모임 − 연구원, 꿈벗과 인생의 동반자 관계로 발전함 − 구본형 사부와 인간적 관계가 친밀해졌으며 깊은 가르침을 받음	B
	잘한 점	− 연구원 모임에 주도적으로 참석하여 연구원들에게 아이디어와 피드백을 제공함 − 연구원 개개인에게 관심을 갖고 적극적으로 커뮤니케이션함	
	드러난 강점	개인화, 친화력	
	개선할 점	없음	
인생의 터닝포인트	목표달성기준	일, 가정 이외 나 자신에 대한 투자 시간	
	기대 수준	하루 2시간, 일주일 총 14시간을 고정적으로 자기계발에 투자	
	결과와 점수	하루 평균 2시간을 자기계발에 투자	C
	잘한 점	지속적으로 책 읽기, 글쓰기에 시간을 투자함	
	드러난 강점	성실	
	개선할 점	매일 2시간을 투자하지는 못함. 주말에 몰아치기로 책 읽고, 글을 쓴 경우가 많았음	

3단계 : 강점 분석하기

구본형 변화경영연구소 연구원 활동을 하면서 크게 달라진 점은 나 자신을 위해 고정적으로 시간을 투자하게 되었다는 점이다. 마음 속 깊이 열망했던 꿈과 내가 지닌 강점을 탐색하였다. 그것을 현실화하기 위해 연구원들과 함께 머리를 맞대고 고민하고 소통하였다. 우리는 인간적으로 친해졌고 인생을 함께할 동반자 관계로 나아갔다. 한편 그동안 정보통신 분야에 머물러 있던 관심의 지평을 인문학과 경영학으로 넓히게 되면서 첫 책에 대한 구상도 한층 구체화되었다.

강점 1 – 최상주의자

나는 어떤 일을 하든 최상을 지향하려고 한다. 대충이라는 말을 싫어하며, 이왕 할 거면 제대로 해야 한다는 일종의 강박관념이 있다. 예상치 않았던 결과를 달성했을 때의 성취감은 이루 말할 수 없기에 늘 베스트 프랙티스를 추구한다. 연구원 활동을 하면서 알게 모르게 다른 연구원과의 경쟁을 의식한 면이 없지 않았다. 다른 연구원보다 나은 결과물을 내야 한다는 생각이 자리를 잡았던 것 같다.

책을 쓸 때도 그랬다. 사실 책을 낼 수 있다는 기대는 거의 없었지만, 써야 된다는 생각이 늘 머리를 떠나지 않았던 건 사실이다. 책을 구상할 때 몇 가지 원칙을 세웠다. 내가 잘 쓸 수 있는 것을 쓸 것, 내가 안고 있는 고민을 해결하는 방편으로 책을 쓸 것 등이었다. 물론 이런 전제의 근간에는 유일한 책, 남들이 쓰지 못한 책을 써야겠다는 오기가 있었다. 그동안 정보통신 분야에는 국내 개발자(프로그래머)의 비전과 경력 개발을 한국 현실에 맞춰 쉽게 가이드해 주는 책이 없었다. 남들과 다르게 접근한다면 좋은 결과를 낼 수 있다고 믿었으며, 먼저 차별적 원본을 확보해야겠다는 결심을 했다. 결과적으로 이렇게 최상을 추구하려는 내 성향이 책을 출간하게 만든 큰 동력이 되지 않았나 싶다.

강점 2 - 정리 능력

매주 책을 한 권씩 읽고 독후감을 썼으며 관심 분야에 대해 칼럼도 썼다. 책을 읽으면서 세 가지 항목으로 구분하여 정리했다. '책에 대한 소감, 내가 저자라면 어떻게 책을 쓸까? 내 마음을 붙잡은 책 속의 구절'로 구분했는데 이렇게 정리한 것이 큰 힘이 되었다. 내 나름대로 요령이 생겨서 재미있게 읽고 정리했다.

나는 직장에서 무척 바쁘게 지내는 사람 중 한 명이었다. 따라서 연구원 과제를 제대로 하기 위해서는 고정된 시간을 할애하는 것 이외에 슬기로운 방법을 강구해야만 했다. 책을 정리하는 방법은 이렇게 했다. 먼저 지하철 출퇴근 2시간을 독서에 할애했다. 책을 읽으면서 중요한 부분은 괄호를 치고 책 모서리를 접었다. 책을 읽으면서 느끼는 감정, 생각, 아이디어 등은 책에 바로 적어 두었다. 점심 시간 등의 짬을 활용해서 출퇴근 시간에 읽은 책을 정리했다. 책을 다 읽은 후에 책 속의 인용문을 출력하여 다시 음미하면서 내 언어로 재해석하는 작업을 하였다. 이것이 진정한 내공 향상의 지름길이라는 것을 나중에 알게 되었다. 아무튼 지식을 구조화하고 정리하는 능력이 연구원 활동을 하면서 잘 발휘되었다고 생각한다.

강점 3 – 친화력

연구원 활동은 내 생활에 많은 변화를 가져다주었다. 그중 하나는 인간관계가 깊어지고 넓어졌다는 점이다. 연구원끼리 인간적으로 친해져서 정말 스승이면서 친구 같은 관계로 발전해 나갔다. 처음에는 이야기가 잘 통할 것 같다는 선입관 때문에 오히려 잘 어울리기 어려웠으나 시간이 갈수록 가까워졌다.

나는 사람을 잘 본다. 개개인의 특성과 기질 등을 감각적으로 재빨리 이해한다. 연구원 수업을 하면서 다른 연구원들에게 피드백을 많이 해주었다. 잘 알기 때문이 아니라, 상대방에게 조언을 해주는 것이 내게 큰 의미가 되고 또 진심으로 돕고 싶은 마음이 강했기 때문이다.

평상시에도 연구원들과 자주 만났다. 후배들은 스스럼없이 고민을 이야기하고 의견을 구했으며 나는 그들에게 적합한 이야기를 해주었고 도울 수 있는 부분은 도와주었다. 아무튼 연구원 활동을 재미있고 유익하게 할 수 있었던 이유는 한 사람 한 사람에게 공감하고 진솔한 커뮤니케이션을 중요시했기 때문이라고 생각한다.

3) 국제표준인증 획득과 시스템 오픈

▍▍▍▍ 1단계 : 계획 세우기

2005년 3월부터 약 1년 6개월 동안 국제품질표준(CMMI, Capability Maturity Model Integration) 기반의 프로세스를 구축하고 인증을 획득하는 프로젝트의 책임을 맡게 되었다. CMMI란 ISO 국제표준처럼 국제적으로 통용되는 품질 모델로서 미국의 카네기멜론 대학교의 소프트웨어 공학 연구소에서 만들었으며 주로 중형 이상의 프로젝트에 적용하는 것이 관례였다. 당시 국내 정보통신 기업의 이슈 중 하나는 글로벌 스탠더드 수준으로 품질 역량을 제고하는 것이었다. 우리 회사는 다른 회사보다 출발이 늦어 짧은 시간 내에 동시다발적으로 과제를 수행해야 했다.

설상가상으로 팀 인원은 다른 팀, 다른 프로젝트로 이미 빠져나갔고 대부분의 인원을 새로 충원해야 했다. 외부 컨설팅 업체의 도움이 절실했다. 나는 다른 직원들의 판단과는 다르게 실제적인 도움을 줄 수 있는 컨설팅 업체를 선정할 것을 주장하여 이를 관철하였다. 그리고 프로세스를 개선하려면 무엇보다 변화 관리가 핵심이라고 판단하여 중간관리자, 업무 리더를 중심으로 태스크포스(Task Force) 팀을 구성, 이들과 함께 하나씩 실타래를 풀어 나갔다.

■■■ 2단계 : 계획과 결과 비교하기

본격적으로 준비하기 전에 다음 도표에 네 가지 목표와 목표 달성 수준, 목표에 대한 기대 수준 등을 기록하였다. 또 프로젝트 완료 후 결과를 기록하고 잘한 점, 드러난 강점, 개선할 점에 대해 분석을 시도하였다.

국제표준 기반 프로세스 구축 및 인증 획득	목표 달성 기준	- 프로세스 구축 개수 - 인증 획득 여부	
	기대 수준	- 20개 프로세스 구축 - 2006년 7월 내 인증 획득	
	결과와 점수	- 22개 프로세스 구축 - 2006년 7월 국제표준인증(CMMI Level 3) 획득	B
	비 고	프로젝트 관리, 소프트웨어 개발 등 22개 프로세스 구축	
	잘한 점	- 팀이 나가야 할 방향과 목표를 분명하게 제시함 - 역량 있는 직원을 채용 또는 스카우트함 - 목표를 달성하기 위하여 팀워크 강화에 노력	
	드러난 강점	의사소통, 개인화, 목표 지향	
	개선할 점	없음	
프로젝트 관리 시스템 구축	목표 달성 기준	기한 내 시스템 오픈	
	기대 수준	2006년 7월 시스템 오픈	
	결과와 점수	2006년 7월에 시스템을 시범 오픈, 2006년 8월에 정식 오픈	B
	잘한 점	- 사내 프로젝트 관리 시스템 개발이 두 번이나 실패한 전례를 반면교사 삼아 자사 인력과 아웃소싱을 적절하게 분배하는 전략을 세우고 프로젝트를 진행 - 프로젝트 수행 도중에 인력 퇴사, 팀워크 불화 등이 발생하였으나 신속하게 의사 결정하여 문제를 해결함 - 시스템 브랜드 작명 (SPIN : Standard Process Intensive Navigator u-PMS : ubiquitous-Proactive Movement System)	
	드러난 강점	전략, 문제해결	
	개선할 점	인력의 채용 및 관리를 다소 소홀히 함	
표준 프로세스 전사 확산 및 변화관리	목표 달성 기준	프로세스 내재화 수준	
	기대 수준	내재화 수준 평가 점수 3.0 이상	
	결과와 점수	평가 대상 수준 편차가 많음. 3.0 이상 점수를 획득한 프로젝트가 두세 개에 불과함	D
	잘한 점	변화관리를 위한 전사(全社) 교육 추진, 새로운 방식으로 교육 교재를 제작하고 강의를 진행함	
	드러난 강점	의사소통	
	개선할 점	일을 동시다발적으로 추진하고, 인증 획득에 우선순위를 두어 실질적인 변화관리에는 집중하지 못함	

3단계 : 강점 분석하기

강점 1 - 개인화

회사에서 중차대한 과제를 맡게 되면서 제일 먼저 착수한 작업은 팀원을 선발하는 것이었다. 절대 인력이 부족한 상황에서 맡은 임무를 수행하기 위해서는 무엇보다 사람이 중요하다고 생각하여 삼고초려했다. 당장 사람이 필요했지만 마음에 들지 않으면 과감히 미련을 버렸다. 정말 믿을 만한 사람인지 쓸 만한 사람인지 검증하고 또 검증했다. 공개 채용 프로세스를 밟기 전에 직접 만나보기도 했다. 이런 과정을 거치면서 내가 개별적인 한 사람에 대해 잘 파악한다는 생각이 들었다. 그 결과 팀 구성이 완료되었을 때 우리 팀은 외부에서 '역량이 탁월한 팀'이라는 평가를 많이 받았다.

팀원들의 경력 개발에 관심을 두고 먼저 MBTI, 강점 검사 등을 받도록 하였다. 또 각자 살아온 이야기를 구체적으로 작성해 보도록 하였다. 각자의 강점에 맞는 업무를 할 수 있는 환경을 만들고 싶었기 때문이었다. 이를 통해 서로 깊이 이해할 수 있는 계기 또한 마련되었다.

강점 2 - 의사소통

팀이 구성된 후에 과제를 추진하면서 맨 먼저 한 것이 팀과 회사의 품질 비전을 수립하기 위한 워크숍이었다. 또한 정기적인 미팅을 통해서 공식 커뮤니케이션을 꾸준히 진행해 나갔으며 가급적 모든 정보를 팀원들과 공유하였다. 회식, 저녁식사 등 비공식 모임도 자주 하였다. 개인적인 고민은 되도록 직접 만나서 이야기하고, 업무에 대해서는 주로 이메일을 통해서 의사소통을 했다. 우리 팀이 나가야 할 방향, 각 개인의 강점, 경력 개발 등 많은 이야기를 나누면서 재미있고 뜻 깊은 시간을 보냈다.

프로젝트를 수행하면서 매월 한두 차례 팀 세미나를 진행하였다. 일과 관련된 주제, 또는 개인의 경력 개발에 관련된 주제를 가지고 책을 읽고 토론하였다. 일과 학습이 따로 움직이지 않고 하나로 맞물려 돌아가고 있다는 생각이 들었다. 학습 조직을 형성하면서 한층 원활한 커뮤니케이션이 진행되었으며 팀은 단결되었다.

| 피드백 분석의 실제 |

1) 계획 세우기

Key Question

- 계획을 세워서 1개월 이상 일을 추진한 후 계획과 결과를 비교한 경험이 있습니까?
- 그 일을 하기로 마음먹었을 때 기대하는 바는 무엇이었습니까?

❶ 계획을 세웠을 때의 상황을 구체적으로 적어 보세요.

도움말

계획은 1개월 이상 꾸준히 해야 하는 일에 대한 것이어야 합니다. 먼저 어떤 일을 추진하기로 마음먹었을 때의 구체적인 상황을 기록해 보세요. 왜 그것을 하기로 마음먹었는지 그런 결정과 행동을 한 근거와 원인을 생각해 봅니다. 또한 그 일을 시작하기 전에 준비한 것을 적어 봅니다.

❷ 계획한 일의 목표와 목표 달성 기준, 기대 수준을 적어 보세요.

	목표 달성 기준		
	기대 수준		
	결과와 점수		
목표 1	비고		
	잘한 점		
	드러난 강점		
	개선할 점		

목표 2	목표 달성 기준	
	기대 수준	
	결과와 점수	
	비고	
	잘한 점	
	드러난 강점	
	개선할 점	

도움말

계획한 일을 통해 얻고자 하는 바를 구체적으로 명확히 적으십시오. 측정할 수 있는 지표로 작성하는 것이 좋습니다. 기대 수준을 객관적인 수치로 표현하기 어려운 경우에는 주관적인 표현으로 적습니다.

- 목표 달성 기준 : 목표 달성 정도를 측정할 수 있는 기준 지표
  예) 매출신장률, 감량 체중, 자격증 획득 등
- 목표에 대한 기대 수준 : 목표 달성을 기대하는 수준
  예) 매출 100퍼센트 신장, 12월까지 체중 10킬로그램 감량, 12월 이내 사업계획 보고 등

2) 계획과 결과 비교하기

Key Question

- 원래 목표한 바와 비교해서 실제 결과는 어떠했습니까?

❶ 위 도표에 계획한 일의 결과를 적어 보세요.

❷ 일의 결과와 처음에 기대한 바의 차이를 비교해 보세요. 잘한 점을 먼저 적고 잘한 점에서 드러난 강점을 간략히 적어 보세요.
❸ 기대사항 중에서 결과가 잘 나타난 것을 살펴보고 평가해 보세요.

도움말

- 결과 : 기대 수준과 동일한 방식으로 작성
- 점수 : 성과 달성 정도를 A~D로 나타냄

    A : 달성하기 어려운 월등한 수준의 성과를 달성함

    B : 목표를 기대 수준 이상으로 달성함

    C : 기대 수준만큼 목표를 달성함

    D : 목표 달성도가 기대 수준에 미달됨

- 분석 : 원래 기대한 것보다 결과가 좋은 경우에 왜 그런지 생각해 보세요. 잘한 점을 짧은 문장 몇 개로 적되, 생각나는 것을 가급적 모두 적어 보세요. 잘한 점과 핵심 키워드를 뽑아서 강점난에 적어 보세요.

3) 강점 분석하기

Key Question

- 성과가 가장 높은 분야는 무엇입니까?
- 왜 그 분야의 성과가 좋은가요?
- 성과가 좋은 것은 어떤 강점이 발휘되었기 때문이라고 생각합니까?
- 당신은 어떤 방식으로 일해서 성과를 올립니까?

❶ 위의 '2)계획과 결과 비교하기'에서 드러난 강점을 적어 보세요.
❷ 각 강점에 대해 종합적으로, 구체적으로 서술해 보세요.

[강점1]

[강점2]

[강점3]

> **도움말**

점수가 가장 높은 두 분야를 선별합니다. 좋은 성과는 강점이 잘 활용되었다는 증거입니다. '드러난 강점' 중에서 가장 우선순위가 높다고 생각하는 강점을 두세 개 골라서 적어 보십시오. 잘 떠오르지 않을 경우에는 부록에 나온 강점 목록과 연결해 보십시오. 스스로 판단할 때 강점 목록의 단어로 표현하기에 불충분한 경우에는 그대로 놔두십시오.

그 다음에 본인의 강점을 구체적으로 적어 봅니다. 도출된 강점이 구체적으로 어떻게 발현되었는지 기술합니다. 그동안 이 강점에 대해 본인이 생각했던 것 혹은 다른 사람이 평가했던 내용도 함께 적어 봅니다.

4) 강점 종합 분석

위의 피드백 분석 과정을 3회 이상 실시한 후 자신의 강점을 적어 보세요.

___

___

___

___

따라서 나의 주 강점은 (   )이며, 부 강점은 (   )이다.

> **도움말**
>
> 주 강점 : 여러 사례에 걸쳐서 거듭 탁월하게 나타나는 강점
> 부 강점 : 주 강점만큼은 아니지만 자주 나타나는 강점

| 탐험 그 후 |

- 지금의 나 : 구본형 변화경영연구소 1기 연구원, 기술사, 『대한민국 개발자 희망보고서』 저자, 직장생활 15년차 팀장
- 미래의 나 : 행복한 직장인 컨설턴트, 코리아니티(Coreanity) 경영 전문가, IT 스타일리스트, CEO
- 내 강점 세 가지

성실한 독종 : 구본형 사부가 내 첫 책 『대한민국 개발자 희망보고서』에 추천사를 써주시면서 붙여준 별칭이다. 약간 부담스럽기도 하지만 만족스럽다. 나는 매일은 아니지만 목표를 정하면 어떤 상황에서도 꾸준히 땅굴을 판다.

소통과 정리 : 사람들과 수다 떠는 걸 좋아한다. 대화할 때 아주 명확하고 핵심적인 단어를 사용하는 걸 좋아한다. 학창시절부터 글을 잘 쓴다는 칭찬을 제법 받았고 책도 한 권 냈다. 글을 쓸 때, 여러 가지 재료를 한데 모아 정리하고 체계화하는 데 능숙하다.

따뜻한 카리스마 : 사람들의 감정과 생각을 잘 읽는 편이다. 사람들의 이야기를 잘 들어주고 공감해 준다. 특히 그 사람이 지닌 강점과 매력을 찾아내고 그것을 상대방에 맞게 조언하는 걸 좋아하고 잘하는 편이다. 조직에서 비전을 제시하고 구성원들의 목표와 비전이 한 방향으로 일치하도록 잘 조율한다.

피드백 분석을 통한 강점 찾기는 피터 드러커가 '강점을 발견하

는 유일한 방법'이라고 확신한 방법이다. 실제로 그는 이 방법을 즐겨 사용했던 것으로 보인다. 그렇지만 어떻게 활용했는지에 대한 자세한 설명은 찾을 수 없었다. 어떻게 이 방법을 구체화할 것인가라는 생각이 한동안 머리를 맴돌았다. 그러던 어느 날, 나도 모르게 한 줄기 깨달음이 스쳐갔다.

계획을 세울 때 기대했던 바와 실제 결과를 비교하면서 강점을 찾아내는 이 방법은 내가 직장을 다니면서 늘 했던 작업과 유사했다. 많은 기업이 연초에 목표를 세우고 분기, 반기, 년 단위로 목표 대비 실적을 분석하여 개인과 조직의 성과를 평가하는 KPI(Key Performance Indicator, 핵심성과지표)라는 도구를 사용하고 있다. 내 방법론은 이 성과 시스템과 상당히 유사하다. 다만 성과가 원래 기대치보다 높게 나온 분야를 심도 있게 분석해 보고 강점을 찾아내는 데 초점을 둔다는 점이 다르다.

살짝 우려되는 면도 있었다. 정형화된 구조로 표현하는 방식이다 보니 강점을 찾아가는 과정이 조금은 딱딱하고 재미가 덜하지 않을까 하는 점이었다. 직장인들에게 편중된 게 아닌가라는 생각도 들었다. 실제로 팀원들을 대상으로 테스트를 해보니 그런 면이 없지 않았다. 그렇지만 어떤 일을 할 때 그 일의 전후로 자신을 돌아보는 분들에게는 적합하다고 확신한다. 일을 통해 강점을 찾고자 하는 분들께는 큰 도움이 될 것이다. 가벼운 마음으로 작성해 보길 권한다. 아무쪼록 이 방법이 강점 발견을 위한 선명한 보물지도로 사용된다면 저자로서 더할 나위 없이 기쁘리라.

| 피드백 분석 요약 |

피드백 분석이란

- 피드백 분석은 자신이 선택한 일의 예상 결과를 기록한 후 실제 결과와 비교하여 잘한 분야가 무엇인지, 그 분야에서 어떤 강점이 발휘되었는지 살펴보는 강점 발견 방법이다. 피터 드러커가 자신의 강점을 발견하는 유일한 방법이라고 추천할 만큼 강점을 찾는 확실한 방법이다. 성과는 강점이 발휘됨으로써 달성되는 것이기 때문이다. 스스로 제 행동을 되돌아보는 것만큼 훌륭한 자기계발은 없다.
- 강점 발견 이외에 어떤 지식과 기술을 더 개발해야 하고 어떤 습관을 고쳐야 하는지, 어떤 분야를 더는 하지 말아야 하는지도 함께 깨닫게 된다.
- 피드백 분석을 통해 강점을 쉽게 발견할 수 있는 사례 : 여행, 취업 준비, 입학 준비, 행사 준비, 자격증 취득, 신사업 발굴, 프로젝트 수행, 태스크포스 활동, 책 저술, 운동, 다이어트, 학습 등

피드백 분석에 적합한 사람

- 계획을 세운 후에 1개월 이상 일을 추진한 후 계획 시점에서 기대한 결과와 실제 결과를 비교한 적이 있는 사람
- 회사에서 프로젝트, 태스크포스 일을 수행한 경험이 있는 직장인

피드백 분석 절차

단 계	세부 활동	결과물
1. 계획 세우기	- 계획 수립 당시의 상황 기록 - 목표, 목표 달성 기준, 기대 수준 입력	계획/결과 비교표
2. 계획과 결과 비교하기	- 결과와 기대 수준 비교 - 잘한 결과에서 강점 키워드 도출	계획/결과 비교표
3. 강점 분석하기	- 강점 키워드에 대한 상세 기록 - 주 강점, 부 강점 도출	강점기술서

팁과 주의사항

- 계획 수립 시 기대했던 바와 실제 결과를 비교해야 하며, 결과에 기대 수준을 꿰맞추어서는 안 된다. 계획, 기대사항이 없는 경우에는 이 방법을 사용하지 않는 것이 좋다.
- 성과가 운이나 외부 조건에 의해 달성된 경우는 배제한다. 오로지 자신의 강점을 잘 활용해서 성과가 드러난 경우만 분석한다.

 홍승완

강점은 내면에 있다. 내면 탐험은 세 가지 시선으로 내면을 바라본다.
전문검사도구, 타인이 보는 나, 그리고 내가 보는 나.
외부와 내부의 관점을 오가며 객관적인 정보와 주관적인 정보를
모은다. 정보들을 분석하고 자신의 언어로 표현한다.
이를 통해 체계적이고 통합적으로 강점을 발견할 수 있다.

6장_여섯 번째 강점 발견법
내면 탐험
객관적인 나와 주관적인 나의 만남!

당신은 MBTI나 스트렝스파인더 등 전문검사를 받은 경험이 있는가?
자신을 관찰하고 자신에 대해 글로 정리해 본 적이 있는가?

어떤 할머니가 가로등이 비추는 길에서 허리를 구부린 채 무언가를 찾고 있었다. 이웃 사람들이 궁금해 물었다.

"할머니, 무엇을 찾고 계세요?"

"나는 그냥 찾고 있어! 그러니 좀 도와줘."

이웃들은 크게 웃었다.

"아니, 무얼 찾는지도 모르는데 어떻게 도와드릴 수 있겠어요?"

할머니가 말했다.

"그럼 지금 반지를 찾는 것으로 해두지. 내가 반지를 잃어버렸거든."

이웃 사람들도 할머니를 따라 반지를 찾으려고 애를 써보았지만 넓은 길에서 작은 반지를 찾는 일이 쉽지는 않았다. 그래서 다시 할머니에게 물어보았다.

"할머니, 어디에서 잃어버렸는지 정확한 지점을 말씀해 주세요. 정확한 곳을 모르면 찾기 힘들어요. 길이 너무 넓어서 밤새도록 찾아도 못 찾을 거예요. 반지를 잃어버린 데가 정확히 어디죠?"

"사실은 반지를 여기가 아니라 저기 있는 큰 나무 밑에서 잃어버렸어."

사람들은 그 말을 듣고 깜짝 놀라며 말했다.

"그럼 왜 나무 밑에서 찾지 않고 여기서 찾고 있어요?"

그 물음에 할머니는 다음과 같이 대답했다.

"저기는 어둡고 여기는 밝기 때문이지."

반지를 엉뚱한 곳에서 찾지 말라. 반지는 내면적 기질이고 강점이다. 우리는 흔히 넓고 쉬운 길에서 그것을 찾아 헤매는데 거기서는 찾을 수 없다. 잘 보이는 곳에서도 찾을 수 없다. 내면은 어둡고 캄캄하며 미지의 세계다. 그래서 탐험이 필요하다. 그리고 모든 탐험은 준비를 수반한다. 내면 탐험에 성공하기 위해서는 강력한 도구와 믿을 수 있는 가이드라인이 필요하다. 가이드라인이 있어야 길을 잃지 않고, 강력한 도구를 체계적이고 통합적으로 활용해야 내면 깊은 곳의 나와 만날 수 있다.

터닝포인트 – 무너지는 현실, 내 손에 달린 미래

나는 아직 그 정도로 절실하지 않은 것인가

1998년 늦은 봄의 어느 날이었다. 나는 한 공원 벤치에 며칠째 앉아 있었다. 누가 보면 매우 한가로운 사람이라 생각했을 것이다. 머릿속에는 한 가지 생각뿐이었다. 바로 나의 미래.

당시 나는 막 훈련소를 나와 본격적으로 군복무를 시작한 공익근무요원이었다. 앞으로 27개월의 복무 기간이 남아 있었다. 한국은 외환위기로 IMF에 구제금융을 신청한 상태였다. 혹독한 'IMF 기간'이 막 시작되고 있었다. 대한민국만 구제 대상이 아니었다. 나도 마찬가지였고 나 역시 혹독한 날들을 눈앞에 두고 있었다.

나는 공원 벤치에서 내 미래를 상상하기 위해 무척이나 애쓰고 있었다. 하지만 어떤 뚜렷한 모습이 떠오르지 않았다. '나는 10년 후에 무엇을 하고 있을까? 무엇을 어떻게 준비해야 하지? 어차피 2년 넘는 시간을 군복무로 보내야 한다면 무엇을 해야 할까?' 물음은 끊이지 않았지만 답은 하나도 나오지 않았다. 다른 한편으로 '이제 23살일 뿐이야. 나와 비슷한 고민 속에 빠져 있는 사람들도 많이 있을 거야. 그리고 아마 그들은 나보다 나이가 많을 거야. 그러니까 나는 괜찮아!' 하면서 스스로 위안도 해봤지만 전혀 도움이 안 됐다. 나는 전혀 괜찮지 않았다. 그리고 이 상태라면 앞으로는 더욱 괜찮지 않을 것이었다.

실존주의 철학자 키르케고르는 20대의 일기에 다음과 같이 적었다. "온 세계가 무너진다고 하더라도 '이것'만은 붙들고 놓을 수가 없다. '이것'을 위해서 살고, '이것'을 위해 죽겠다고 하는 나의 목표를 찾아야 한다."

나 역시 '이것'을 찾고 있었다. 그런데 '이것'은 좀처럼 모습을 보이지 않았다. '암은 흡연을 치료한다'는 말이 있다. 암에 걸려야 담배를 끊을 수 있다는 말로, 불만족스러운 상황(암)이 없는 변화(금연)가 얼마나 어려운가를 표현한 것이다. 건강을 잃어야 담배를 끊을 수 있는 것처럼 절박해야 변화할 수 있다는 뜻이다. 그렇다면 나는 아직 그 정도로 절실하지 않은 것인가?

하고 싶은 일에 나를 걸다

4주 훈련을 마치고 집으로 돌아왔을 때 우리나라는 앞서 말했듯

'IMF 시기'로 들어가고 있었다. 그리고 우리 집도 어려운 상황으로 치닫고 있었다. 전혀 예상치 못했지만 불행을 아는 데는 오랜 시간이 걸리지 않았다. 불행은 오랫동안 쌓여온 우리 집의 문제가 원인이었고 우연히 IMF 시기와 비슷하게 시작됐다.

그때까지 우리 집은 큰 부자는 아니었지만 자식 세 명을 대학 보내는 데 큰 부담이 없을 정도로 넉넉했다. 하지만 상황은 순식간에 반전되었고 군복무를 시작한 지 8개월 정도 될 무렵 집안 사정은 극도로 나빠져 전혀 희망이 보이지 않을 정도였다. 그런데 이게 무슨 운명의 장난인가. 바로 그때 '하고 싶은 일'이 뭔지 알게 된 것이다. 당시 마음속으로 '왜 하필 지금인가. 조금만 일찍 발견했다면 좋은 환경에서 시작할 수 있었을 텐데.' 하고 수없이 가슴을 쳤다.

나는 '경영 컨설턴트'가 되고 싶었다. 그 분야에서 최고가 되고 싶었다. '최고의 경영 컨설턴트'라는 목표는 다른 높은 목표들이 그렇듯이 많은 시간과 노력 그리고 돈이 필요했다. 어려운 상황이었지만 하고 싶은 일을 알았기 때문에 비전과 목표를 세우고 구체적인 실천 전략을 준비했다. 그러나 돈이 없었다. 지하철을 탈 돈조차 없는 날이 적지 않았다. 이렇듯 무너지는 현실 속에 있었지만 나는 절박했다. 미래는 내 손에 달려 있으니 변하지 않을 수 없었다.

공익근무요원은 출퇴근을 하기 때문에 저녁에 짧게나마 아르바이트를 할 수 있었다. 많지 않은 돈이지만 쪼개고 모아서 하고 싶은 일을 준비하는 데 투자했다. 하루에 신문 두 종을 정독했다. 이전에는 시간이 남아돌지 않는 이상 신문을 본 적이 없었다. 처음에는 신문 두 부를 보는 데 5시간이 넘게 걸렸다. 특히 경제신문은 그냥 읽는 것조차 괴로웠다. 경제에 관한 기초가 약했던 탓이다. 신문으로 무슨 공부를 하냐고 하는 사람도 있겠지만 당시에 신문 읽기는 내게 가장 저렴하면서도 매일 할 수 있는 공부였다.

돈이 생기면 무조건 책을 샀다. 다행히 내가 복무했던 곳은 비교적 한가해서 근무 중에 몇 시간 동안은 책을 읽을 수 있었다. 2주일에 3번 정도 당직을 섰는데, 그 시간도 좋은 기회였다. 컴퓨터를 마음껏 사용할 수 있었고(당시 우리 집에는 컴퓨터가 없었다) 저녁도 해결할 수 있었다. 이렇게 틈날 때마다 신문과 책을 읽고 열흘에 한 번씩은 대형서점에 갔다. 그곳에서는 마음껏 책을 고르고 볼 수 있었다.

미국 작가인 에리카 종은 "책은 세상 속으로 외출한다. 신비롭게도 이 손에서 저 손으로 여행을 하다가 이 책이 필요한 누군가에게 꼭 필요한 때에 가 닿는다. 우주적 힘이 그러한 조류를 인도한다."고 말했다. 당시에 만난 좋은 책들은 나를 도와주었다. 내 독서력은 형편없었지만 책을 읽을 때에는 몰입했다. 그것이 내가 최선을 다할 수 있는 구체적인 활동이었다. 군복무 기간에 그 전까지 읽은 책을 모두 합한 것보다 더 많은 책을 읽었다. 책 살 돈이 없을 때에는 좋았던 책을 반복해서 읽었다. 그렇게 지내는 동안 스스로 조금씩 발전하고 있다는 것을 느낄 수 있었다.

집 사정은 조금도 좋아지지 않았고 오히려 어려움은 점점 커져만 갔다. 솔직히 나 하나만 겪는다면 충분히 해볼 만했다. 어려움은 내게 큰 성장 동기를 부여해 주었고 내가 이제껏 몰랐던 많은 부분을 가르쳐 주었다. 처음에는 스스로 집안 문제를 해결하기 위해 많은 노력을 했다. 하지만 역부족이었다. 이런 상황은 개인적인 발전과는 무관하게 내게 큰 상처를 남겼다. 그 상처는 안고 가기에는 너무 커서 치료해야만 했다. 나는 내게 다음과 같은 주술을 걸었다.

"내 마음과 그동안 살아온 삶이 내 전부다. 그것이 어떤 것이든 상관없이 그렇다. 현재 나를 괴롭히는 상황과 문제들과 더는 싸우지 않으리라. 외로움, 비참함, 불만, 회의, …… 이런 것들은 어느 순간 다시 올 것이다. 하지만 이제 나는 이런 것들이 그저 하나의 감정임을 안다. 또한 이런 감정과 상황도 결국 변하리라는 사실을 알고 있다. 괴로움의 대상이었던 것들이 이제는 나와 하나가 되어 나를 도울 것이다."

1년 정도 지났을 무렵, 이제는 경제신문도 어렵지 않게 읽을 수 있었고 처음에는 어려웠던 경영학 서적들도 낯설지 않게 느껴졌다. 1년 간 읽은 책이 70권 정도였다. 물론 그 기간 동안 힘든 때도 있었지만 '하고 싶은 일을 위한 준비'라는 생각에 견딜 수 있었다. 하고 싶은 일은 이런 위력을 발휘하는구나 싶었다.

2000년 4월 나는 제대했다. 2년 만에 많은 것이 변했다. 집도 가게도 전에 있던 것이 아니었다. 어머니께서는 늙고 작은 몸으로 허름한 식당을 시작하셨다. 나는 낮과 저녁에는 어머니 가게를 돕고, 그 사이 시간에 신문을 읽고 컴퓨터를 혼자 배웠다. 저녁 이후에는 책을 읽었다. 그리고 읽은 것을 조금씩 정리하기 시작했다.

이것이 2000년 6월까지의 내 이야기다. 당시만 해도 내가 선택한

'하고 싶은 일'이 '잘할 수 있는 일'인지 확신하지 못했다. 하지만 확신은 중요하지 않았다. 내게는 꿈이 있었고 그 꿈에 내 모든 것을 걸었으며 무엇보다 나는 젊었다. 내게는 이 점이 중요했다. 평생 하고 싶은 것을 찾았다는 점, 그것을 위한 준비를 시작했다는 것으로 충분했다. 그러나 시간이 흐르면서 한 가지 고민이 생겼다. 꿈을 찾았고 그에 대한 준비를 시작했지만, 뭔가 빠진 듯한 느낌이 들었다. 꿈을 현실로 만드는 데 필요한 뭔가 강력한 무기 하나가 없었다. 그것은 바로 나의 강점이었다.

| 내면 탐험 – 강점을 어떻게 발견할 것인가 |

왜 강점을 발견해야 하는가? 이 질문은 중요하다. 강점 발견의 필요성과 중요성을 절감한 사람만이 강점 발견에 충분한 시간과 에너지를 쏟을 수 있기 때문이다.

피터 드러커는 "사람은 오직 자신의 강점으로만 성과를 올릴 수 있다."고 말했다. 즉 높은 성과를 올리는 가장 확실한 방법은 자신의 강점을 적극 활용하는 것이다. 개발된 강점은 강력한 무기가 되며 그 무기를 통해 우리는 직업적 비전을 실현할 수 있다. "강점을 찾고 그것을 계발하라." 이것은 누구도 잊어서는 안 되는 자기계발의 기본 원칙이다.

여기서 한 가지 질문이 떠오른다. 강점이 그렇게 중요하다는데 어떻게 강점을 발견할 수 있는가? 대체로 강점은 처음부터 완성된 형태로 드러나지 않는다. 강점을 찾는 것은 어려운 일이며 다른 사람이 해줄 수 있는 일도 아니다. 강점을 발견하고 활용하기 위해서는 자신에 대해 특별히 관심과 노력을 기울여야 한다.

누구나 자신에게 관심이 많다. 특히, 꿈이 생기면 자신에 대한 궁금증은 더욱 커진다. 이 꿈이 정말로 나와 맞는지, 이 꿈을 내가 이뤄낼 수 있는지, 그리고 이 꿈이 내 가슴을 뛰게 하는지 궁금해지기 때문이다. 이 궁금증에 대한 답을 찾을 수 있는 사람은 자신밖에 없다. 하지만 대개 우리는 자신에 대해 그리 잘 알지 못한다. 내가 무엇을 잘하고 못하는지, 어떤 기질적 특징을 갖고 있는지, 내 내면에 숨어 있는 자산이 무엇인지를 아는 것이 중요하다는 점을 알지만, 정작 알맹이는 모른다.

1998년에 변화를 시작하면서 나는 일부러 나 자신을 연구해 왔고 그래서 내 강점과 기질에 대해 어느 정도 잘 안다고 생각했다. 하지만 어느 순간 나도 모르는 내가 느닷없이 튀어나왔다. 강점이라 생각했던 것이 약점으로 작용하고, 잘하지 못한다고 생각했던 일에서 높은 성과를 내기도 했다. 또한 마음과 다르게 말하거나 행동하고 나서 후회하는 내 모습을 발견할 때마다 과연 내가 나를 제대로 아는지 회의가 들었다. 그저 좋아하는 모습에 초점을 맞춰 그것으로 내 존재 전체를 화장(化粧)하고 있는 것은 아닌지 의심도 들었다. 내 안에는 많은 내가 있었고 그중에는 내가 모르는 나도 많았다. 그것이 나를 혼돈에 빠뜨렸다. 결국 나를 좀더 깊숙이 그리고 폭

넓게 살펴보아야 한다는 결론에 이르렀다.

 2006년 가을, '강점 발견'을 위해 한 가지 실험에 착수했다. 내 강점과 기질을 찾아내고 분석하고 해석하는 그 실험 과정에 '내면 탐험'이라는 이름을 붙였다. 지금부터 내가 수행한 내면 탐험을 단계별로 설명하고, 그 단계마다 나의 사례를 제시하겠다.

▐▐▐▐ 1단계 : 전문 도구를 활용하여 강점의 씨앗과 단서를 모은다

강점은 어느 날 짠하고 나타나지 않는다. 강점 발견의 과정은 대개 낯선 여행이고 모험이라서 믿음직한 안내자가 있는 편이 좋다. 전문적인 검사 도구를 활용하자. 믿을 만한 도구로 MBTI(The Myers-Briggs Type Indicator), 스트렝스파인더(StrengthsFinder), 다중지능(Multiple Intelligence) 자가진단, 에니어그램(Enneagram) 등이 있다. 공인된 검사는 강점을 발견하는 과정에 체계성을 더해줄 수 있다. 나와의 대면은 낯설고 어색할 수 있으며 내면과의 대화에 익숙하지 않을수록 더욱 그럴 것이다. 나를 들여다보는 검사 도구는 그런 어색함과 낯섦을 줄여준다.

MBTI

 MBTI는 스위스의 심리학자 카를 융의 심리유형론을 근거로 하여 캐서린 브리그스와 이사벨 마이어가 좀더 쉽게 일상생활에 활용할 수 있도록 고안한 자기보고식 성격유형지표다. 융은 "인간 행동이 그 다양성으로 인해 종잡을 수 없는 것 같이 보이지만, 사실은

아주 질서정연하고 일관된 경향이 있다."고 주장했다. 그리고 인간 행동의 다양성은 개인이 인식(perception)하고 판단(judgement)하는 특징이 다르기 때문이라고 보았다. MBTI에서는 네 가지 관점에서 인간을 바라본다.

MBTI 4가지 지표와 특징

1. 에너지의 방향 : 에너지를 어떤 방향으로 쓰는가

Extraversion(외향)
외부에 주의를 집중해서 외부에서 활력을 얻는다. 폭넓은 대인관계를 선호하며 활동적이다.

Introversion(내향)
내부에 주의를 집중한다. 깊이 있는 대인 관계를 선호하며 조용하고 신중하다.

2. 인식 기능 : 정보를 어떻게 인식하고 취득하는가

Sensing(감각)
오감에 의존해서 정보를 받아들이는 한편 경험의 세계를 중시한다. 숲보다는 나무를 본다.

iNtuition(직관)
육감에 의존해서 정보를 받아들이는 한편 미래 지향적이다. 나무보다 숲을 본다.

3. 판단 기능 : 어떻게 결정을 내리는가

Thinking(사고)
사실에 초점을 두고 논리적이고 분석적으로 판단한다.

Feeling(감정)
사람과의 조화로운 관계에 초점을 두고 의사결정을 한다.

4. 생활양식 : 어떤 생활양식을 채택하는가

Judging(판단)
뚜렷한 목표와 계획을 가지고 체계적으로 생활한다. 빨리 결정을 내리고 조직적인 것을 선호한다.

Perceiving(인식)
목표와 방향이 상황에 따라 변경 가능하고 융통성 있다. 결정을 내리는 데 여유가 있고 개방적이다.

출처 : 폴 D. 티저 외, 『사람의 성격을 읽는 법』

MBTI 검사는 인터넷상에서 받을 수 있다. 이 검사는 다양한 질문을 던지고 그에 응답한 내용을 토대로 위의 네 가지 지표에 대한 선호도를 측정한다. 검사 결과는 각 지표의 머리글자를 모아 알파벳 네 개로 표시한다. 이 검사를 실제로 받아보기 어려운 사람은 책을 통해 자가진단해볼 수 있다. 내게는 폴 D. 티저가 지은 『사람의 성격을 읽는 법』이 큰 도움을 주었다. 이 책은 MBTI를 바탕으로 사람의 기질적 특성을 설명해 주는 책이다. 내용이 쉽고 비교적 명확하여 MBTI를 통해 자신을 알아보고자 하는 사람들에게 도움이 될 것이다. 정식으로 MBTI 검사를 하기 전에 이 책으로 자가진단을 해본 적이 있다. 자가진단 결과는 후에 해본 공식적인 MBTI 검사 결과와 일치했다.

검사 결과, 내 유형은 ESFJ(외향-감각-감정-판단)이고 주기능은 감정(F), 부기능은 감각(S)이었다. 이를 정리해보면 다음과 같다.

- 에너지의 방향 : 외향(E)

  키워드 : 능동성(Initiating), 표현적(Expressive), 열성적(Enthusiastic)

  내가 외향적이란 점은 검사 결과로 보나 경험적으로 살펴보나 명확하여 이견의 여지가 없었다.

- 인식 기능 : 감각(S)

  키워드 : 경험적(Experiential), 전통적(Traditional)

  이 부분은 조금 애매했다. 감각(S)인 것은 맞지만 몇 가지 항목에서는 감각과 직관(N) 사이의 '중간 점수'가 나오기도 했다. 스스로 나를 돌아보더라도 둘 중 하나로 명확하게 치우치지 않는다. 감각적인 면이 강하되, 직관적인 성향도 보이는 것이다.

- 판단 기능 : 감정(F)

  키워드 : 정서적(Empathetic), 감성적(Compassionate), 온건한(Tender)

  내가 감정적이고 감성적이라는 점은 매우 명확했다.

- 생활양식 : 판단(J)

  키워드 : 목표지향적(Planful), 방법적(Methodical)

  이 부분은 분명하지 않은데, 검사 결과 판단(J)과 인식(P) 사이의 중간 점수대가 많았다.

스트렝스파인더

스트렝스파인더는 세계적인 리서치 회사인 갤럽에서 30년 동안 다양한 직종에 종사하는 200만 명을 인터뷰한 결과를 바탕으로 개발한 재능과 강점 발견 프로그램이다.

먼저 여러 가지 질문을 제시하고 응답자의 답변 내용을 통해 가장 주요한 행동 패턴을 알아낸 후, 강점이 될 가능성이 높은 부분을 정리해서 보여 준다. 이 프로그램은 사람들의 재능을 34가지 테마로 분류해 놓았는데, 이 검사를 받으면 강점이 될 가능성이 높은 5가지 테마에 대한 재능 프로파일(재능 테마 + 설명)을 얻을 수 있다.

마커스 버킹엄과 도널드 클리프턴은 공저 『위대한 나의 발견, 강점 혁명』에서 강점에 대해 두 가지를 강조한다. 첫째, 모든 사람은 자신만의 독특한 재능을 지닌다. 둘째, 모든 사람의 가장 큰 성장

가능성은 그들이 지닌 강점에 있다. 버킹엄과 클리프턴은 재능은 강점이 아니라고 말한다. 재능은 강점의 원석으로 볼 수 있으며, 거기에 학습과 경험 등이 더해져야 강점이 될 수 있다고 한다. 이에 따르면 스트렝스파인더는 강점을 명확하게 밝혀낸다기보다는 강점이 될 가능성이 높은 부분을 알려준다고 할 수 있다.

스트렝스파인더의 34가지 테마

개발자Developer 사람들에게 마음이 끌리며 사람들의 잠재력을 본다.

개인화Individualization 다른 사람의 강점을 예리하게 관찰하며 강점을 끌어낼 수 있다.

경쟁Competition 목표를 이뤄도 남보다 뒤처진다고 느끼면 공허하다.

공감Empathy 다른 사람의 감정을 마치 자신의 것처럼 느낄 수 있다.

공평Fairness 규칙이 분명하고 평등한 환경에서 사람들이 최고의 역량을 발휘한다고 믿는다.

관계자Relator 친밀함 속에서 편안함을 느낀다.

긍정성Positivity 좀처럼 용기를 잃지 않고 삶을 긍정적으로 산다.

매력Woo 새로운 사람을 만나고 그들이 당신을 좋아하도록 만들기를 무척 좋아한다.

맥락Context 현재를 이해하기 위해서 과거를 되돌아본다.

명령Command 다른 사람들에게 당신 의견을 강요하는 데 전혀 거리낌이 없다.

미래지향Futuristic 당신 눈에는 미래가 보인다. 그리고 앞을 향해, 내일을 향해 나아간다.

복구자Restorative 문제 해결하기를 무척 좋아한다.

분석가Analytical 가치중립적인 자료를 좋아한다.

사고 Intellection 생각하기를 좋아한다.

성취자 Achiever 하루가 늘 0에서 시작된다고 생각한다.

신념 Belief 강한 신념을 통해 가족지향적이고, 이타적이며, 영적이기까지 하다.

신중함 Deliberative 위험을 확인하고, 심사숙고해서 앞으로 내딛는다.

연결성 Connectedness 모든 일은 이유가 있어서 일어난다고 확신한다.

의사소통 Communication 설명하기, 묘사, 사회 보기, 연설, 글쓰기를 좋아한다.

자기 확신 Self-Assurance 마음 깊은 곳에서 자신의 강점을 믿고 있다.

적응력 Adaptability 미래보다 현재를 위해 산다.

전략 Strategic 언제나 질문을 던지며 대안을 탐색한다.

조정자 Arranger 변수가 많아도 효과적인 순서로 정리한다.

조화 Harmony 화합의 영역을 찾는다.

중요성 Significance 다른 사람에게 인정받기를 원한다.

질서 Discipline 당신의 세계는 예측 가능해야 한다.

착상 Ideation 아이디어에 매료된다.

책임 Responsibility 하겠다고 말한 것에 대해 끝까지 책임을 지려 한다.

초점 Focus 분명한 목적지가 필요하다.

최상주의자 Maximizer 평균이 아니라 항상 최상을 바란다.

탐구심 Input 수많은 것에서 흥미로움을 찾아낼 수 있는 지성을 갖추고 있다.

포괄성 Inclusiveness 원을 더 넓혀라. 이것이 바로 인생철학이다.

학습자 Learner 배우기를 무척 좋아한다.

행동주의자 Activator "언제 시작할 수 있습니까?"를 평생 반복하여 질문한다.

출처 : 마커스 버킹엄 외, 『위대한 나의 발견, 강점 혁명』

스트렝스파인더 검사는 온라인상에서 할 수 있다. 물론 한국어 검사도 가능하다. 문항 수는 180개, 시간은 30분 정도 소요된다(문항당 20초의 시간제한이 있다). 온라인 검사를 받으려면 『위대한 나의 발견, 강점 혁명』 안에 있는 ID 코드가 있어야 한다.

나의 경우 이 검사를 통해 강점이 될 수 있는 고유한 재능을 찾아낼 수 있었다. 하지만 MBTI 검사 결과와 스트렝스파인더의 결과는 많은 부분에서 서로 연결되지 않았다. 두 가지 모두 나에 대해 좋은 정보를 담았지만 이것을 어떻게 통합할 것인지는 난제였다. 이것이 내면 탐험을 시작한 이유 중 하나였다.

스트렝스파인더 검사를 통해 도출된 나의 5가지 핵심 테마는 탐구심, 초점, 관계자, 신념, 책임이었다.

- 탐구심(Input) : 당신은 탐구적입니다. 당신은 물건들을 수집합니다. 단어나 사실들, 책 또는 인용문 등 정보를 수집할 수도 있습니다. 아니면 나비나 야구 카드, 인형이나 옛날 우표와 같은 물건을 수집할 수도 있습니다. 무엇을 수집하든, 그것에 흥미를 느끼기 때문입니다. 당신은 수많은 것에서 흥미로움을 찾아낼 수 있는 그런 종류의 지성을 가지고 있습니다. 세상은 바로 그 무한한 다양성과 복합성 때문에 흥미롭습니다.
- 초점(Focus) : "나는 어디로 가고 있는가?"라고 당신은 날마다 자신에게 묻습니다. 이 초점이라는 테마를 가진 당신에게는 분명한 목적지가 필요합니다. 분명한 목적지가 없다면 당신은 삶과 일에 금방 짜증을 느낄 수 있습니다. 당신은 매년, 매월, 심지어는 매주 자신이 매우 즐기는 일,

즉 목표를 세웁니다. 당신의 목표에는, 장기적이든 단기적이든, 비슷한 특징이 있습니다. 구체적이며, 측정할 수 있고, 정해진 시간 일정이 있습니다. 이 목표들은 나침반이 되어, 당신이 우선순위를 정하고 정해진 길을 따라 가는 데 조정이 필요하다면 조정을 가할 수 있도록 도와줍니다.

- 관계자(Relator) : 이 관계자라는 테마 덕분에 당신은 이미 알고 있는 사람들에 대해 매력을 느낍니다. 당신은 친한 친구들에게서 많은 기쁨과 힘을 얻습니다. 당신은 친밀함을 편안하게 느낍니다. 요컨대 당신은 일단 관계가 형성되면, 이것을 더 깊게 만들기 위해 의도적으로 노력합니다. 친구들이 당신을 더 잘 알게 되기를 원하고 당신도 친구들을 잘 알고 싶어 합니다. 당신은 친구들의 감정과 목표, 고민과 꿈을 이해하고 싶어 하고, 친구들도 당신의 이러한 점을 이해해 주기 바랍니다. 당신에게 관계는 진실해야만 가치가 있습니다. 그리고 관계가 진실하다는 것을 아는 유일한 방법은 다른 사람을 신뢰하는 것입니다. 서로 더 많이 공유할수록 더 많은 위험을 함께 감수합니다. 위험을 함께 더 많이 감수할수록, 각자의 애정이 진실한지 더욱 잘 증명됩니다. 당신은 이렇게 해서 진정한 우정에 이르게 되며, 이 우정을 쌓기 위해 겪어야 할 여러 단계를 기꺼이 받아들입니다.

- 신념(Belief) : 강한 신념 테마를 가지고 있는 사람에게는 언제나 변하지 않는 기본적인 가치가 있습니다. 이 가치는 사람에 따라 다르지만, 대개 이 신념 테마를 가진 사람은 가족지향적이고, 이타적이며, 영적이기까지 합니다. 당신은 자신이나 타인의 책임과 도덕성을 높이 평가합니다. 이러한 기본적인 가치들은 당신의 행동에 여러 면으로 영향을 줍니다. 당신

은 이 가치들에서 인생의 의미와 만족을 얻습니다. 당신에게 성공은 돈이나 명성만이 아닙니다. 당신은 자신의 가치에 맞는 일을 해야 합니다. 일은 반드시 의미가 있어야 하고, 또 중요해야 합니다. 그리고 신념이라는 테마로 인해, 당신의 가치를 실천할 수 있는 일이어야만 당신에게 중요한 일이 됩니다.

• 책임(Responsibility) : 책임이라는 테마 덕분에 당신은 하겠다고 말한 것에 대해 끝까지 책임을 지려고 합니다. 크든지 작든지 일단 약속한 것에 대해서는, 이것이 끝날 때까지 심적인 의무감을 느낍니다. 어떤 이유로든 약속을 지키지 못하면, 자연히 상대방에게 보상할 방법을 찾기 시작합니다. 사과로는 충분하지 않으며 변명과 합리화는 절대 용납될 수 없습니다.

다중지능

다중지능은 하버드대학 교육대학원의 교육심리학자인 하워드 가드너가 정립한 이론이다. 그는 논리와 수리 능력을 중점적으로 측정하는 지능지수(IQ) 검사로는 한 사람의 전반적인 지능을 파악할 수 없다고 주장한다. 다중지능 이론의 핵심은 인간은 논리수학지능 외에도 7가지 지능을 갖고 있다는 것이다. 가드너에 따르면 한 사람은 8가지 다중지능을 모두 갖고 있지만 각 지능의 발달 수준은 사람마다 다르다. 이에 대해 서울대학 교육학과의 문용린 교수는 "색깔로 치자면 다중지능은 상호 구분되는 8가지 색깔을 띠는데 색의 강도(밝기)가 사람마다 다른 것"이라고 설명한다.

다중지능에서 말하는 8가지 지능을 간단히 설명하면 다음과 같다. 이는 문용린 교수가 쓴 『지력혁명』과 하워드 가드너의 『다중지능 : 인간 지능의 새로운 이해』에서 관련 내용을 정리한 것이다.

- 언어지능(linguistic intelligence) : 말과 글이라는 상징체계에 대한 소견과 적성이 뛰어난 사람이 지니는 능력이다. 다시 말해서, 단어의 소리, 리듬, 의미에 대한 감수성이나 언어의 다른 기능에 대한 민감성 등과 관련된 능력이다. 이 지능이 높은 사람은 글이나 말을 통해 생각이나 느낌을 잘 표현하고, 유머나 말 잇기 게임, 낱말 맞추기 등에 능하다. 언어지능이 높은 사람은 표현력이 좋아 달변가로 불리고, 글로 사람들을 울리거나 웃음을 자아내는 능력이 있다.
- 음악지능(musical intelligence) : 가락, 리듬, 소리, 진동 등 음악적 상징체계에 민감하고, 그러한 상징을 창조할 수 있는 능력을 말한다. 음악지능이 뛰어난 사람은 노래를 부르거나 악기를 다루거나 새로운 곡을 창작하거나 감상하는 능력이 뛰어나다. 이런 사람들은 사람 목소리와 같은 언어적인 소리뿐 아니라 언어가 아닌 소리에도 예민한 경향이 있다.
- 논리수학지능(logical-mathematical intelligence) : 숫자나 규칙, 명제 등의 상징체계를 잘 익히고 창조하며, 그와 관련된 문제를 손쉽게 해결해내는 능력을 가리킨다. 수학이나 사회 현상 등 여러 대상에 대해 관심을 가지고 탐구하면서, 논리적으로 추론하여 규칙이나 법칙을 발견하거나 체계를 마련할 수 있는 능력이 이 지능에 해당한다. 이 지능이 높은 사람은 숫자에 강하고 차량번호나 전화번호 등을 남들보다 잘 기억하는 경우가 많다.

- 공간지능(spatial intelligence) : 도형, 그림, 지도, 입체 설계 등의 공간적 상징체계에 소질과 적성을 보이는 사람들이 가지고 있는 능력을 말한다. 공간지능은 색깔, 선, 모양, 형태, 공간, 그리고 이런 요소들 사이의 관계에 대한 민감성과 관련이 있다. 이 지능이 높은 사람은 물건을 보기 좋게 배치하거나 새로운 물건을 만들거나 낯선 곳에서 길을 찾는 데 능하다. 또한 아이디어를 도표, 지도, 그림 등으로 잘 나타내고, 시각적으로 표현하는 디자인, 그림 그리기, 만들기 등을 좋아한다. 조종사, 디자이너, 건축가 등에서 공간지능을 찾아볼 수 있다.

- 신체운동지능(bodily-kinesthetic intelligence) : 춤, 운동, 연기 등의 상징체계를 쉽게 익히고 창조하는 능력이다. 이 지능이 발달한 사람은 신체적 활동에 쉽게 몰입하여 즐길 수 있으며, 무용이나 연극 등에서 신체로 자신의 내면세계를 표현하는 데 뛰어난 재능을 보인다. 또한 손으로 다루는 능력이 뛰어나 손재주가 있다는 말을 많이 듣는다. 쉬운 예로 자동차 운전이나 자전거를 다른 사람보다 빨리 쉽게 배운다.

- 인간친화지능(interpersonal intelligence) : 이것은 다른 사람들과 교류하고 이해하며, 그들의 행동을 해석하는 능력을 가리킨다. 즉, 다른 사람의 기분이나 동기, 바람을 잘 이해하고 그에 적절하게 반응할 수 있는 능력을 말한다. 이 지능이 뛰어난 사람은 대인 관계를 잘 이끌어 가고 친구를 많이 사귀어 흔히 '마당발'로 불린다.

- 자기성찰지능(intrapersonal intelligence) : 자기 자신을 느끼고, 자기감정의 범위와 종류를 구별해 내어 이름을 붙이고, 자신과 관련된 문제를 잘 풀어내는 능력이다. 이 지능이 높은 사람은 '나는 누구인가?', '나는 지금

어떤 감정을 느끼는가?', '왜 이렇게 행동하는가?' 같은 질문을 스스로 묻고 답하는 데 어려움이 없다. 자기 신념을 위해 개인적인 이득을 버리는 사람 중에 자기성찰지능이 높은 경우가 많다.

- 자연친화지능(naturalist intelligence) : 식물이나 동물 또는 자신이 살아가고 있는 환경에 관심이 있고, 그 인식과 분류에 탁월한 전문 지식과 기술을 발휘하는 능력을 말한다. 이 지능이 높은 사람은 자연친화적이고 동물이나 식물을 채집하기를 좋아하며, 이를 구별하고 분류하는 능력이 뛰어나다. 이런 사람들은 산에 가면 나무와 꽃의 모양이나 크기 등에 관심을 많이 보인다.

다중지능은 지능지수 검사의 대안으로 주목을 받고 있지만 국내에는 아직까지 널리 도입되지 않았다. 청소년을 위한 다중지능 안내 자료나 책은 몇 권 존재하지만 성인을 위한 자료는 비교적 적은 편이다. 다중지능을 국내에 처음 소개한 문용린 교수가 지은 『지력혁명』은 다중지능에 관한 입문서로 유용하다. 특히, 이 책으로 다중지능에 대해 자가진단을 해볼 수 있다.

나의 경우를 보자. 솔직히 고백하건대, 내 지능지수가 세 자리라고 확신할 수 없다. 중학생 시절 처음이자 마지막으로 지능지수 검사를 했는데, 당시 담임선생님은 지능지수가 세 자리인 학생들에게만 결과를 알려주었고 나는 내 결과를 듣지 못했다. 그래서 내 머리가 나쁘다고 생각했다. 실제로 난 공간지능이 떨어지는 길치라서 낯선 곳에 혼자 가는 것을 즐기지 못한다. 계산도 잘 못해서 복잡한 숫자만 만나면 긴장한다. 학창시절 내가 최악의 성적을 받은 과목은 음악이었다. 꽃과 나무의 이름을 여러 번 들어도 기억하지 못하고, 잘 구별하지도 못한다.

하지만 다중지능 자가진단을 통해 내가 공간지능과 음악지능, 자연친화지능 등은 떨어지지만 언어지능과 자기성찰지능 그리고 인간친화지능은 높다는 점을 알게 되었다. 나의 다중지능 자가진단 프로필을 정리하면 다음 그림과 같다.

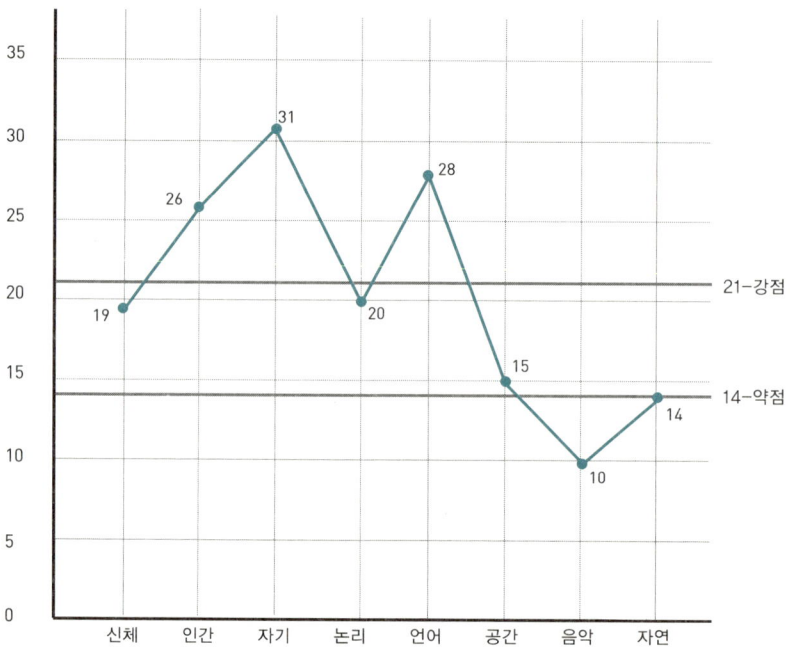

다중지능 프로필

지금까지 소개한 세 가지 방법 외에 에니어그램을 비롯한 다른 검사를 활용해도 좋다. 단, 어떤 검사를 활용하든지 보편적 신뢰성과 타당성을 획득한 검사 도구를 활용해야 한다.

여기서 한 가지 의문이 들지도 모른다. '이런 전문적인 검사 도구들로 강점 발견을 마무리하면 안 되는가?' 내 대답은 '안 된다'는 것이다. 나는 강점 발견을 위해 몇 년 동안 MBTI나 스트렝스파인더 같은 여러 종류의 검사를 해봤다. 이런 검사들은 강점의 씨앗 혹은 강점 발견의 단서를 제시해 주었다. 하지만 강점 그 자체를 내놓지는 못했다. 왜일까? 세 가지 이유가 있다.

첫째, 인풋이 불확실하면 아웃풋 역시 불확실해진다. 검사 과정에서 우리는 이따금 불확실한 질문과 상황에 직면한다. MBTI나 스트렝스파인더 같은 도구들은 보편성이라는 장점을 갖고 있지만, 각 개인의 특수성을 완전히 반영하지는 못한다. 이것은 검사도구들이 나빠서가 아니다. 보편성과 특수성은 함께 가기 어려워서다. 인간 내면을 들여다보는 과정에서는 더욱 그렇다.

둘째, 검사 결과의 정확성이 사람마다 다르다. MBTI가 잘 맞는 사람이 있는가 하면 잘 맞지 않는 사람도 있다. 스트렝스파인더나 다른 검사 도구들도 마찬가지다. 어떤 사람이 MBTI 검사를 실시했다고 하자. 대부분의 경우 검사 결과에 대해 어떤 부분은 나와 잘 맞는다고 생각하지만 어떤 부분은 확신하지 못하고, 일부에 대해서는 전혀 동의하지 못한다. 그 사람은 자신의 강점에 대해 완전한 정보를 얻으려고 이번에는 스트렝스파인더 검사를 수행했다. 이번에는 어떨까? 나와 주변 사람들의 경험에 따르면 MBTI 검사를 했을 때와 대개 마찬가지다. 즉, 검사 결과 중 납득하기 어려운 부분과 뭔가 빠진 듯한 빈 곳을 발견하게 되는 것이다.

셋째, 두 가지 이상의 검사를 진행한 경우 통합 문제가 발생한다. MBTI와 스트렝스파인더, 다중지능, 에니어그램 등은 접근 방식이 다르고, 사용하는 용어 역시 매우 다르다. 두 가지 이상의 검사를 한 경우, 검사 결과를 통합하고 조정하는 문제가 발생한다.

강점 발견을 위한 단서를 충분히 확보하기 위해서는 위에서 말한 세 가지 도구 중 한두 가지를 수행해 보는 것이 좋다. 나는 기회가 있을 때마다 사람들에게 강점 발견을 도와준 도구에 대해 물어봤다. 그들의 대답을 종합하면 가장 도움을 준 방법은 MBTI와 스트렝스파인더였다. 내 경우에도 마찬가지다. MBTI와 스트렝스파인더 검사 중 하나는 반드시 받아보길 권한다. 둘 다 할 수 있다면 더욱 좋다. 두 검사 결과를 통합하는 문제는 나중 일이다. 지금 우리에게 필요한 것은 강점 발견을 위한, 믿을 수 있고 충분한 단서다.

2단계 : 내 안에서 강점의 씨앗과 단서를 모은다

전문 검사 도구는 유용하지만 앞서 살펴봤듯이 한계가 있다. 따라서 검사 결과를 보완하는 작업이 필요하다. 1단계가 검사 도구를 통해 나에 대해 객관적으로 접근하여 결과를 얻어내는 수동적인 작업이라면, 2단계는 내 안에 있는 강점의 씨앗과 단서를 주도적으로 발견하는 과정이다.

우리는 자신에 대해 잘 모른다고 생각한다. 하지만 자기에 대한 정보를 가장 많이 보유한 사람은 바로 자신이다. 따라서 자신을 뒤져서 그 안에서 강점 발견의 단서를 모으는 것이 중요하다. 단서는 강점 발견에서 방아쇠 구실을 해준다. 방아쇠만 있다면 강점을 찾아낼 수 있다.

일기와 자신에 대한 기록물

첫 단서는 일기와 자신에 대한 기록물에서 찾을 수 있다. 글은 정신과 마음의 표현이고 따라서 글에는 쓰는 이의 생각과 기질과 가치관이 의식적이든 무의식적이든 포함된다. 그러므로 일기나 자신에 대한 기록물은 강점의 씨앗이 숨겨져 있는 토양으로 볼 수 있다. 3년 이상 지속적으로 일기를 쓴 사람이라면 그 내용에서 많은 강점 씨앗을 찾을 수 있을 것이다. 일기 외에 학창시절에 자신에 대해 쓴 글들이 있다면, 그것들 역시 모아서 살펴보는 것이 좋다.

나는 중학교 2학년 때부터 일기를 써왔으며 군대 훈련소에서도 하루도 빠짐없이 일기를 썼다. 내면 탐험을 시작하면서 그동안 쓴 일기를 살펴보았고 나에 대한 글들도 다시 검토했다. 그중에서 내 기질적 특성과 강점이 엿보이는 부분을 발췌해서 정리해 보았는데, 다음은 그 일부이다.

요즘 이상한 생각이 많이 든다. 이것이 말로만 듣던 사춘기일까? (……) 하루에도 몇 번씩 엉뚱한 질문을 하고 있다. '나는 왜 태어났을까?', '나는 어떤 사람일까?', '나는 앞으로 어떤 일을 하게 될까?' 이런 생각이 떠나질 않는다. 어제는 친구들에게 물어봤는데, 친구들은 '네가 아직 덜 커서 그런 거'라고 한다. 뭐야, 그럼 지네들은 다 컸다는 거야.

담임과 면담이 있었다. 선생님은 중간고사 성적이 많이 올랐다고 좋아했다. 나도 조금 놀랐다. 선생님과 정한 목표를 완수하고 싶어서 열심히 한다고 했지만, 성적이 이렇게 잘 나올 줄은 몰랐다. 선생님은 15등 안에 드는 것을 목표로 했지만 나는 10등을 목표로 잡았었다. 결과는 5등이다. 그동안 부진했던 영어와 수학이 조금씩 좋아지고 있다. 특히, 영어는 공부한 만큼 성적이 나온 것 같아 기분이 좋다. 선생님과의 약속을 지킨 것 같아 기분 좋고, 내 목표도 달성해서 더욱 좋다.

훈련소에 입소한 지 1주일이 지났다. 처음에는 낯설었지만 지금은 괜찮다. (……) 좋든 싫든 이곳에서 4주를 보내야 한다. 어떻게 보내는 것이 좋을까? 몇 가지 목표를 세웠다.
하나, 매일 일기를 쓴다. 훈련소에서 보내는 시간을 그냥 흘려보내고 싶지 않다. 뭐가 하나라도 배우고 느낄 것이다. 그리고 그것을 정리할 것이다.
둘, 요령 피우지 않는다. 남자라면 누구나 군복무를 한다. 하지만 나는 이제껏 나를 단련하는 데 게을렀다. 4주 동안은 요령을 피우지 말자. 모든 일에 최선을 다해 보자. 어려운 것을 어렵게 받아들이고, 힘든 작업은 힘들게 해내자.
셋, 아침저녁으로 사랑하는 사람을 생각하자. 이곳에 와 보니 알겠다. 가족과 친구들의 소중함을 말이다. 아침에는 부모님과 가족의 건강과 행복을 기원하자. 저녁에는 친구들을 생각하자. 그들과의 인연과, 함께 보낸 시간에 감사하자.

다른 사람이 보는 나

다른 사람의 칭찬이나 의견은 내 강점이 아닐 수도 있지만 강점을 찾는 데 실마리를 제공해 줄 수 있다. 자신의 재능 혹은 강점에 대해 주변 사람들이 해준 말들을 기억 속에서 빼내어 모으고 살핀다. 이때 초등학교, 중·고등학교, 대학교·원, 직장생활 초년기 등 시간 순서에 따라 생각하면 편하다. 가능한 한 말해준 사람과 정확한 표현, 그리고 상황까지 기억해 내는 것이 좋다. 증거가 있는 피드백은 믿을 수 있다.

과거에서 뽑아낸 것으로 부족하다면 사람들에게 이메일을 보내거나 직접 만나 그들이 알고 있는 자신의 강점을 말해 달라고 한다. 혹시 사람들이 대답해 주는 데 어려워하거나 부담스러워하면, 조금 더 쉽게 접근해 보자. 우선, 1단계에서 수행한 검사 결과를 정리하여 보여 주고, 그들이 어떻게 생각하는지 물어본다. 어디가 일치하고 어떤 점이 다른가? 혹시 다르다면 그들은 왜 다르게 보는가? 나는 몰랐지만 그들은 알고 있던 강점은 무엇인가? 구체적인 사례나 일화가 있다면 말해 달라고 한다.

직장인이라면 회사 내 평가나 피드백에 주목할 필요가 있다. 대개 업무상의 평가와 피드백 역시 한 사람의 강점과 약점을 중심 주제

중 하나로 다룬다. 평가나 피드백은 공식적일 수도 있고 비공식적일 수도 있으나 상관없다. 유용한 피드백이라면 마다할 이유가 없다.

나는 주변 사람들이 나의 재능 혹은 강점에 대해 해준 말들을 기억 속에서 찾아내 어릴 적부터 시간순으로 정리해 보았다. 다음은 그중 일부인데, 실제로는 상황을 더해 좀더 자세히 정리했지만 분량이 많으므로 여기서는 피드백 내용만 옮긴다.

초등학교 5학년 담임선생님 "승완이는 책임감이 강해. 주번일 때에는 가장 먼저 등교하고, 청소가 끝날 때까지 집에 가지 않아. 승완이가 주번일 때 교실이 가장 깨끗한 것 같아." "승완이는 정이 많은 것 같아. 짝이 아플 때 자기가 아픈 것처럼 걱정하고 챙겨 주더구나."

초등학교 6학년 담임선생님 "승완아, 이번에 너와 같은 중학교에 입학하는 학생들이 몇 명 있거든. 관련 서류를 네가 그 중학교에 갖다 주어라. 너는 책임감이 강하니까 믿을 수 있어."

중학교 3학년 담임선생님 "승완이는 친구들이 많구나. 그런데 친구들이 너무 많아서 공부를 하지 않을 것 같아 걱정이야."

고등학교 2학년 담임선생님 "이번 시험에서 나와 약속한 성적을 올렸다. 조금만 더 하면 네가 목표로 하는 대학에 갈 수 있을 거야. 열심히 해라." "목표로 정한 성적을 꾸준히 달성하고 있구나. 선생 노릇 한 지 10년이 넘었지만 15등급에서 2등급으로 내신이 오른 녀석은 네가 처음이다."

고등학교 3학년 담임선생님 "이번 시험에서 ○○가 성적이 크게 떨어졌다. 녀석에게 이유를 물어봤는데 말을 안 하는구나. 네가 ○○ 좀 도와줘

라. 애들이 그러는데 네 말은 잘 듣는다고 하더라."
대학교 친구 "너는 놀면서 할 건 다 하네. 그렇게 놀면서 장학금은 놓치지 않으니."
첫 직장 이사님 "승완 씨는 분위기 메이커야. 승완 씨가 없으면 사무실이 재미가 없어."

다음으로, 친구들을 포함하여 나를 잘 안다고 생각하는 사람들에게 내 강점을 물었다. 일부는 직접 만났고, 만나기 어려운 사람에게는 이메일을 활용했다. 과거와 일상의 단편에 나에 대한 조각들이 흩어져 있을 것이라 생각했다. 그들이 해준 말 중 일부를 옮겨 본다.

"네게는 너만의 신념이 있는 것 같아. 언젠가 말했지. '핵심가치를 지키며 살고 싶다'고. 난 그 말이 참 인상적이었어."
"난 대학 졸업 후 네가 취업 준비하는 것을 보고 조금 놀랐어. 내 기억이 맞는다면 그때 너는 회사를 선택하는 너만의 기준이 있었어. 그리고 그 기준에 맞는 회사가 아니면 들어가지 않을 것처럼 보였어."
"넌 감정이입을 잘하는 것 같아. 슬픈 영화나 이야기를 들으면 다른 사람들은 가만있는데 너는 잘 울잖아."
"우리 어머니 돌아가셨을 때, 너 엄청 울더라. 누가 보면 네가 아들인 줄 알았을 거야."
"너는 눈치가 빨라. 내 마음을 콕 찍어 내곤 해. 어쩔 때는 귀신같아."
"너는 사람들과 빨리 친해져. 처음 만난 사람하고도 쉽게 안면을 트고 대화하는 데도 부담이 없어 보여."

"승완이는 말을 잘해. 자기 생각과 감정을 표현하는 데 어려움이 없는 것 같아."

"언젠가 네가 말했지. '난 머리 때문에 가슴이 마비되는 경우는 없지만 가슴 때문에 머리가 마비될 때가 종종 있다'고. 동의한다. 그게 너야."

내 경우, 회사의 성과 평가 과정에서 받은 공식적인 피드백이 도움이 되었다. 업무와 성과관리라는 좁은 범위에서 나온 것이긴 하지만 엄격한 과정을 거친 비교적 객관적인 내용이었다. 몇 개만 옮겨본다. 상사들의 평가가 거의 대부분이다.

"자신의 의사를 전달하는 데 어려움이 없고, 의사표현이 적극적임."
"항상 밝은 모습으로 회사의 분위기를 업시켜 줌."
"업무 수행에서 질적 수준에 대한 기준을 설정하고 이를 달성하려는 책임감이 높음."
"일에 대해 그 나름의 욕심과 소신, 그리고 목표를 가지고 있음."

3단계 : 결과를 분석하고 정리한다

1단계와 2단계에서 찾아낸 씨앗과 단서를 살펴 다섯 개에서 열 개 정도를 뽑아낸다. 이때 강점의 씨앗과 단서는 단어나 짧은 문장으로 나열하는 것이 좋다. 긴 문장이나 문단은 나누고 묶기가 어려워 정리하기 힘들다.

다음으로 나열한 것들에서 공통된 것을 뽑아낸다. 자주 나타나지는 않지만 '이것이 나'라는 확신을 주는 부분도 추출한다. 이때 빈도와 강도에 주목하여 빈도가 낮고 강도가 약한 것은 버린다. 아마 3~5개, 혹은 그보다 많은 강점을 발견할 수 있을 것이다. 분명한 강점도 있고 확신이 가지 않는 후보 강점들도 있겠지만 상관없다. 그 결과를 가지고 강점 초안을 작성한다. 초안을 작성할 때에는 세 가지에 유의해야 한다.

첫째, 3인칭으로 나를 바라본다. 간단한 실습을 해보자. 주변을 잠시 살펴보라. 자신이 어디에 어떤 자세로 있는지, 그리고 주위에 무엇이 있는지 가볍게 쳐다보라. 이제 눈을 감고 자신의 지금 모습을 머릿속에 그려 보자. 카메라 감독이 되어 카메라로 자신을 촬영하고 있다고 가정하라. 그려지는가? 선명하게 그려진다면 자신을 3인칭으로 바라보는 데 아무런 문제가 없다. 유체이탈하듯 자신을 바라볼 수 있다면 이상적이다. 자신을 한 걸음 떨어진 상태에서 바라보는 것이 쉬운 사람도 있고 어려운 사람도 있다. 하워드 가드너가 말하는 다중지능에서 '자기성찰지능'이 뛰어난 사람일수록 자신을 바라보는 것이 쉽다. 그리고 꼭 그런 것은 아니지만 일기를 지속적으로 써온 사람도 큰 어려움은 없을 것이다.

둘째, 3인칭 시점으로 쓴다. 자신을 '나'가 아닌 '그' 혹은 '그녀'라는 호칭으로 부르자. 1인칭으로 쓰는 것과 3인칭으로 쓰는 것이 뭐가 다르겠냐고 생각할 수도 있지만 사람은 언어와 관점에 영향을 받는다. 호칭과 관점을 바꿈으로써 우리는 우리를 더 객관적으로 보는 계기를 마련할 수 있다. 실제로 해보면 자신에게서 한 걸음 떨어질 수 있고, 3인칭으로 자신을 관찰하는 데에도 도움이 된다. 객관적으로 자신을 기술하는 데 조금이라도 도움이 된다면 그것으로 가치가 있다.

셋째, 형식에 매이지 않고 자신의 언어로 쓴다. 잘 쓰려고 하면 피곤해진다. 그저 자신의 언어와 표현으로 쓰면 된다. 다른 사람이 아닌 자신의 강점을 발견하고 정리하는 것이다. 검사도구에서 쓰는 용어에 매이면 자신의 강점을 제대로 표현하기 어렵다. 길게 쓸 필요도 없다. 오히려 압축하여 짧은 문장으로 쓰는 것이 쓰기도 좋고 기억하기도 편하다. 글 형식에 매이는 것도 바람직하지 않다. 문장 간의 연결에 자유로워지자. 누구에게 보여주려고 쓰는 것이 아니다. 초안의 처음이자 마지막 독자는 늘 자신이다. 자신의 색깔대로, 스타일대로 쓰면 족하다. 내 언어와 표현으로 강점을 정리하는 것은 매우 중요하다. 왜냐하면 강점을 내 언어로 표현하지 못하면 내 것이 될 수 없고, 내 것이 되지 못하면 활용할 수 없기 때문이다.

정리해 보자. 3인칭으로 자신을 바라보고, '그' 혹은 '그녀'라는 객관적인 호칭을 쓰고, 문장의 형식이나 연결에 신경 쓰지 말고 자신의 표현으로 쓰면 된다.

나도 1단계와 2단계에서 찾아낸 씨앗과 단서들에서 내 강점을 잘 설명해 주는 부분을 뽑아냈다. 그리고 가장 중심이 되는 강점을 다섯 개에서 열 개 정도 나열한 다음, 빈도와 내용의 적합성(강도)을 기준으로 이를 다시 정리하였다. 그 다음, 나를 3인칭 관찰자 시점에서 바라보고, '그'라는 호칭으로 부르고, 문장의 형식이나 연결에 얽매이지 않고 나의 표현을 써서 초안을 정리해 보았다. 다음은 내가 작성한 초안 내용 중 일부다.

강점 프로필 초안 – 그, 승완

승완이는 자신을 잘 인식한다

그는 자신을 관찰한다. 자신의 감정과 생각, 행동 그리고 말을 유체이탈하듯 떨어져서 인식할 수 있다. 그러면서도 그것을 통제하고 조절하는 것은 잘하지 못한다. 감정적인 사람, 느끼고 표현하는 사람이기 때문일까? 그는 자신을 바라보고, 자신을 생각하고, 자신과 대화를 나누는 것에 어색함이 없다. 그런 과정을 글로 정리하는 것을 즐기기도 한다.

그는 글을 쓰거나 일을 할 때 자신의 기대치가 높다는 것을 안다. 그래서 완성한 글과 일의 성과에 쉽게 만족하지 못한다. 그는 자신의 기대치와 실제로 나온 결과물 간의 차이를 뚜렷이 인식한다. 그 차이를 잘 보고 결과물에 쉽게 만족하지 못하기 때문에 글쓰기나 일을 더 잘하고 싶어 한다.

자신을 관찰하는 데 능하기 때문에 부족한 자신의 모습도 잘 보인다. 그는 변명하는 것을 싫어하고 실제로 잘 변명하지 않는다. 결과물과 기대치 간의 차이, 부족한 자신을 선명하게 인식하고 있기 때문이다.

'일이 잘못된 것은 남이나 상황 탓이 아니라 나의 탓이다.' 이것이 그의 생각이다. 그러면서 종종 그런 자신을 피곤하게 느낀다. 그에게 성찰은 반성의 시작이고 나아짐의 과정이다. 다른 한편으로는 스트레스다.

승완이는 느끼는 사람이다

그는 자신에게 이성적으로 다가오는 사람보다 감성적인 사람에게 더 매력을 느끼고 쉽게 친해진다.

그는 잘 웃고 잘 운다. 어릴 적, 자신과 친한 이가 울면 따라 울었다. 누군가 웃으면 함께 웃는다. 그 누군가가 웃는 것은 그가 웃을 이유로 충분하다. 그는 감정이입에 능하다. 쉽게 공감한다.

그는 의사결정할 때 감정이 무의식적으로, 때로는 의식적으로 영향을 미친다. '옳다', '그르다', '맞다', '틀리다'는 말보다 '좋다', '나쁘다'는 말을 자주 쓴다.

그는 어떤 호칭보다 사람의 이름을 부르는 것이 편하고, 그것을 좋아한다. 이름을 부르는 것이 교감을 더 깊게 한다고 생각한다. 그에게 교감이란 그 사람을 느끼는 것이다.

그는 글을 쓸 때 마음으로 쓰고 싶어 한다. 별 문제가 없다면 실제로 마음으로 글을 쓴다. 그는 글을 느끼고 사람도 느낀다.

승완이는 표현하는 사람이다

그는 자신의 감정을 숨기는 데 서툴다. 숨기기보다는 오히려 자신에 대해 표현하고자 한다. 그가 말하지 않아도 사람들은 그의 표정과 행동을 통해 기쁨과 슬픔, 분노와 웃음 등 그의 감정을 어렵지 않게 알 수 있다.

그는 표현하는 사람이기 때문에 사람들 사이에서 비교적 눈에 띈다. 마음이 맞는 사람을 만나면 쉽게 자신의 속을 보인다. 그것을 크게 부담스러워하지 않는 사람이라면 그는 아주 쉽게 친해진다.

그는 자신이 좋아하는 모임에서 접착제 같은 역할을 잘한다. 동갑이면 친구이고, 1살이라도 어리면 동생이고, 1살이라도 많으면 형이고 누나다.

승완이는 목적(목표)지향적이다

그는 과거보다 현재, 현재보다 미래를 더 중요하게 생각한다. 그러나 과거에 대한 성찰이 없는 현재와 현재의 열심이 빠진 미래는 부정한다.

그는 어떤 일을 하든지 목적에서 시작한다. 그리고 계획을 세운다. 계획을 세우는 데 많은 정보가 필요하면, 정보들을 모으는 수고를 기꺼이 감수한다. 그래서 일을 할 때 초반부에 생산성이 낮다. 그러다 흐름을 타면 한동안은 거침이 없다.

돌발 상황은 그에게 환영의 대상이 아니다. 혼란스러움은 그의 친구가 아니다. 일을 하다가 길을 잃는 것은 그의 걱정거리 중 하나다. 혼란 속에서도 초점을 유지하고자 애쓴다.

그는 '목적이 과정을 지배한다'고 믿는다. 그에게 초점은 곧 목적이다. 길을 잃지 않는 방법은 목적을 잊지 않는 것이고, 혼란 속에서 초점을 유지하는 방법은 목적을 명심하는 것이다. 이것이 그가 초점을 유지하는 방식이다.

4단계 : 내면 탐험을 통해 강점 초안을 수정하고 보완한다

작성한 초안을 음미해 보라. 그리고 자신이 납득할 수 있는 것을 바탕으로 초안을 수정하고 보완한다. 3단계에서는 3인칭 시점에서 자신을 보고 썼지만 이 단계('4단계')에서는 1인칭으로 돌아온다. 즉, '그(그녀)'가 아니라 '나'라는 호칭을 사용한다. 이제는 자신의 강점에 대해 확신을 갖고 정리해야 하기 때문이다. 나는 나를 알고 있음을 자각하라.

여기서 중요한 것은 자신과의 대화다. 강점을 찾기 위해서는 자신의 아주 깊숙한 내면까지 내려가야 한다. 이건 시간의 문제가 아니라 노력의 문제다. 그리고 논리의 문제가 아니라 믿음의 문제다. 나만의 강점은 내면 깊숙한 곳에 자리 잡고 있다. 그 때문에 강점이라는 수수께끼를 풀기 위한 마스터 키는 나와의 대화다. 자신을 믿어라.

자신과 대화하기 위해서는 여유와 시간이 필요하다. 방법에 매이면 형식이 내용을 좌우하게 된다. 나와의 대화는 내면에 촛불 하나를 켜는 것이다. 불이 켜지면 어둠은 자리를 잃고 빛이 어둠을 대신한다. 나와의 깊은 대화는 나에 대한 무지를 깨달음으로 전환시킨다. 나와의 대화는 정적인 동시에 동적이다. 가라앉아야 하고, 말을 건네고 들어 주어야 한다. 그리고 잊으면 안 되므로 끄집어내어 생생하게 기술해야 한다. 모든 것이 그렇듯이, 나와의 대화 역시 하다 보면 익숙해진다. 노력이 진보로 연결된다.

지금까지 지나온 과정을 믿고, 내가 나를 알고 있음을 믿어라. 내 언어로 내 강점을 표현하고 정리하라. 이렇게 정리한 것을 나는 '강점 프로필'이라 부른다.

처음부터 자신의 완전한 강점을 파악하는 것을 목표로 두고 시작하지 않는 것이 좋다. 내가 강점을 파악해온 과정은 '넘어지고, 뭔가를 주워 일어나는' 일의 연속이었다. 내 경우가 예외적이라고 생각하지 않는다. 운이 좋으면 강점을 쉽게 발견할 수 있을지도 모른다. 하지만 발견이 끝이 아니다. 우리는 강점에 대해 심사숙고하고 일상에 적용하며 정기적으로 검토해야 한다. 이런 과정을 거쳐야만 강점은 내 안에 녹아들어 든든한 토대가 된다.

 강점 발견과 정리는 한 번에 끝내서는 안 된다. 강점은 한 번에 어느 순간 완성되는 것이 아니라 삶과 함께 흘러가며 조금씩 바뀌고 다듬어질 것이다. 강점 발견 및 정리, 즉 내면 탐험은 1년에 한두 번 정도 정기적으로 하는 것이 좋다. 반기별로 해도 좋고, 연말이나 연초에 해도 좋다. 이런 과정을 통해 자신의 강점을 좀 더 잘 알게 될 것이고, 강점을 더 잘 활용하게 될 것이다.

 나는 나와의 대화를 위해 매일 혼자 있는 시간을 마련했다. 오랜 시간 대화를 나눈 날도 있었고 어느 날은 짧았다. 어쨌든 하루에 단 10분이라도 혼자 있는 시간을 마련하였다. 특정한 날을 잡아서 '나'에 대해 고민해 보겠다는 생각을 버렸다. 그건 지름길이 아니라 포기와 체념으로 가는 가장 빠른 길이었다. 지름길이면서 가장 좋은 길은 매일 혼자 있는 시간을 꾸준히 갖는 것이었다.

 나는 편안함을 느낄 수 있는 공간을 대화 장소로 삼았다. 어느 날은 내 방이었고, 다른 날은 산이었고, 또 다른 날에는 좋아하는 조용한 까페였다. 첫 키스의 달콤한 추억이 깃든 곳을 찾아가기도 했다. 노트 한 권과 연필 하나를 들고는 나를 더 잘 볼 수 있고 내 흔적이 짙게 밴 곳에 갔다. 혼자 갔다. 내게 필요한 것은 바로 나 자신이었으므로 다른 사람은 필요 없었다. 나와의 대화를 어떻게 해야 하는지를 분명한 프로세스로 설명하기는 어렵다. 실제로 해봐야 한다. 누군가 '나와의 대화'가 왜 중요한지 묻는다면 나는 내 경험을 바탕으로 다음과 같이 답하겠다.

"강점은 내면에 있다. 그것은 내부에서 외부로 피는 꽃이다. 마음이 혼란스럽거나 불안하거나 분노를 느끼고 있으면 내부를 들여다보기 어렵다. 강점 역시 찾을 수 없다. 내 안을 잘 보기 위해서는 인내와 고요를 받아들이고 내면의 목소리를 들으려는 의지가 있어야한다. 마음의 대답을 기다리자. 지금 내가 하려고 하는 것은 보이지 않던 것을 발견하고 희미하던 것을 분명히 하는 것이다. 필요한 것은 인내다. 강점을 찾고 정리하기 위해서는 혼자 있는 시간이 필요하다."

내면 탐험을 거쳐 나온 내 강점 프로필의 첫 번째 버전은 다음과 같다. 강점 프로필은 강점명과 해당 강점의 키워드(하위 항목), 그리고 그에 대한 묘사로 구성되어 있다.

강점 프로필 버전 1

자아성찰 : 자아 관찰 / 신념 추구 / 강한 책임감

나는 나를 관찰한다. 유체이탈하듯 떨어져서 자신의 감정, 생각, 행동 그리고 말을 인식할 수 있다. 이를 통해 나와 대화를 나누고, 나를 비판하고 격려한다. 자아를 실현하고, 더 나은 사람이 되려고 나를 독려한다.

나는 성찰을 중요하게 생각한다. 성찰을 통해 나의 감정과 능력, 미래를 인식한다. '나는 누구인가?', '나는 왜 존재하는가?', '나는 어디로 가는가?' 같은 질문들을 내게 던진다. 성찰 없이는 진지한 반성도 없으며 지속적인 나아짐이나 단 한 번의 도약도 없다고 생각한다.

내게는 나만의 신념이 있고, 그것은 중요하다. 이런 신념을 나는 핵심

가치라 부른다. 핵심가치는 내 내면에서 찾아낸 것이기 때문에 이것에 대해 무거운 책임감을 느낀다. 나는 이 핵심가치를 위반하게 될 때 불편함을 느끼고 스스로에게 실망한다. 변명이나 합리화는 내게 아무런 위안도 도움도 되지 않는다.

나는 과거보다 현재, 현재보다 미래를 더 중요하게 생각한다. 하지만 과거에 대한 성찰이 없는 현재와 현재의 열심이 빠진 미래는 부정한다.

관계자 : 감정이입 / 깊은 관계 추구 / 표현형 / 집단의 특성 파악

나는 사람들과 비교적 쉽게 친해진다. 마음이 맞거나 말이 통하는 상대라면 만난 지 10분이 안 되어서도 어색함을 떨칠 수 있다. 이런 사람과 관계를 맺게 되면 친해지는 것은 어렵지 않다. 한 번의 만남을 열 번의 만남처럼 만들 수 있고, 1년을 만났어도 10년을 만난 것처럼 지낼 수 있다.

나는 어떤 사람의 글이나 말에서 그 뒤에 있는 그 사람의 생각, 의도, 감정을 쉽게 유추할 수 있다. 내게 감정이입은 자연스럽다. 어릴 적, 친한 이가 울면 따라 울었다. 누군가 웃으면 함께 웃는다. 그 누군가가 웃는 것은 내가 웃을 이유로 충분하다.

내가 감정이입에 능하지 않다면 짧은 시간 동안 진정한 교류를 나누기 어려울 것이다. 나는 어떤 사람과 감정을 공유하고 그 감정에 공감함으로써 관계를 깊게 만든다. 이것은 내게 자연스럽다. 나는 어떤 호칭보다 사람의 이름을 부르는 것이 편하고, 그것을 좋아한다. 나는 이름을 부르는 것이 교감을 더 깊게 한다고 생각한다. 내게 교감이란 그 사람을 느끼는 것이다.

어떤 사람과 감정, 고민 그리고 꿈을 공유한다. 이를 통해 교감이 깊어지고 관계가 단단해지면 나는 그 사람을 믿는다. 그런 사람과는 위험을 감수할 수 있다고 여긴다. 신뢰할수록 망설임 없이 위험을 감수한다.

나는 기질적으로 표현형이다. 감정을 숨기는 데 서툴다. 마음이 맞는 사람을 만나면 쉽게 내 속을 보인다. 좋아하는 모임에서 나는 촉매나 접착제 같은 역할을 한다. 동갑이면 친구이고, 1살이라도 어리면 동생이고, 1살이라도 많으면 형이고 누나다.

어떤 조직의 일상과 단편, 일화와 스토리를 통해 그 조직의 특성을 파악할 수 있다. 정확도 문제는 검증이 필요하겠지만, 조직의 특성이 자연스럽게 내 안에서 정리되는 것은 분명하다.

목적(목표)지향성 : 초점 / 판단능력 / 명확성

나는 '목적이 과정을 지배한다'고 믿는다. 그러므로 목적은 중요하다. 나는 어떤 일을 하든지 목적에서 시작하며 목표를 설정하고 계획을 세운다. 목표는 목적에서 나오며, 구체적이고 분명해야 한다. 목표 없는 계획은 내게 계획이 아니다. 계획의 명확성이나 체계성보다 목적의 가치와 목표의 명확성이 내게는 훨씬 중요하다.

나는 목적을 잊고 잃는 것을 경계한다. 그것은 초점을 흐리는 것을 의미한다. 초점을 유지하는 첫째 방법은 목적을 잊지 않는 것이다. 나는 혼란을 잘 견디지 못하지만, 목적이 분명하다면 혼란도 수용하고 견딜 수 있다. 분명한 목적 아래 발생하는 혼란은 내게 생산적인 혼란이다. 궤도 수정 역시 내 의욕을 갉아 먹는다. 하지만 목적과 목표 달성을 위한 궤도 수정이라면 환영한다. 목적을 잊지 않고 명확히 하는 것, 이것이 내가 초점을 유지하는 방법이다.

초점을 유지하기 위해 활용하는 다른 방법은 판단을 내리는 것이다. 나는 많은 정보를 수집하는 경향이 있다. 하지만 의사결정에 필요한 정보를 완벽히 갖추기는 어렵다는 점을 알고 있다. 그렇기 때문에 정보가 부족해도 판단해야 한다면 한다. 판단으로 인한 손실보다 판단을 주저하다 초점을 잃음으로써 발생하는 손실이 내게는 더 크다.

초점을 유지하는 세 번째 방법은 단순성을 추구하는 것이다. 복잡하면 길을 잃기 쉽다. 나는 복잡한 것을 꿰뚫어 단단한 본질을 포착하고자 한다. 그것을 해냈을 때 짜릿함과 뿌듯함을 느낀다. 나는 복잡한 것을 단순하게, 희미한 것을 분명하게 만드는 일을 즐긴다.

탐험 그 후

나는 평범한 사람이다. 그리고 독특한 사람이다. 평범함과 독특함, 나는 누구나 이 두 가지를 모두 가지고 있다고 생각한다. 사람 사는 게 다 그렇고 그렇듯이 우리는 비슷한 일상을 공유한다. 하지만 우리 안에는 자신만의 독특함이 있다. 한 사람의 고유성을 좌우하는 중요한 한 가지가 기질적 특성(강점)이다. 자신의 기질적 특성을 깊이 알게 되면 자신에 대해 새로운 시각을 가질 수 있다. 그 예로 기질적 특성과 강점을 바탕으로 나를 소개하면 다음과 같다.

나는 의미를 찾는 사람이고 나만의 신념을 좇는 사람이다. 몇 가지 핵심가치를 가지고 있으며, 그것을 지키며 살고 싶다. 핵심가치는 내 가치관의 뿌리이자 직업관을 대변한다. 누군가 "어떤 사람으로 기억되고 싶은가?"라고 묻는다면, 나는 "내 핵심가치로 기억되고 싶다."고 답할 것이다.

나는 나를 관통하는 상징 하나를 가지고 있다. 그것은 '햇살'이다. 햇살은 풍광을 바꾸고, 늘 밝게 만든다. 산의 색을 바꾸고, 바다를 반짝이게 하고, 나뭇잎 사이로 스며들며, 시냇물을 더 투명하게 해준다. 나는 햇살처럼 살고 싶다. 나를 통해 사람과 세상을 밝게 하고 싶다. 햇살에 돋보기를 갖다 대면 뭔가를 태울 수 있을 정도로 강해진다. 나는 마음을 모아 어떤 일에 초점을 맞추면 그 일을 해낼 수 있다. 한 줄기 햇살처럼 작지만 어둠을 꿰뚫는 존재, 그것이 곧 나다.

이런 자기소개가 낯설고 어색할지도 모른다. 하지만 출생년도와 출생지, 학력과 경력은 한 사람의 고유성을 제대로 담아내지 못한다. 그보다는 자신의 기질적 특성으로 자기를 표현하는 것이 자신다움을 더 잘 나타내 준다.

자신답게 살아가는 데 필요한 중요한 한 가지는 강점을 발견하고 키우는 것이다. 나는 강점 발견 방법 중 하나로 내면 탐험을 정리했다. 책을 쓰기 위해 내면 탐험이라는 방법을 만들어낸 것이 아니다. 나를 좀 더 잘 알기 위해, 특히 꿈을 실현하는 데 꼭 필요한 무기인 강점을 발견하기 위해서 이 방법을 만들고 실천했다. 내면 탐험을 통해 강점을 발견할 수 있었고, 그것을 내 언어로 정리할 수 있었다.

'내게 효과가 있는 이 방법론이 다른 사람에게도 도움이 될 것인가?' 이것이 내가 풀어야 할 과제였다. 우선, 내가 실제로 해본 과정을 그대로 정리했다. 그리고 어려웠던 점과 도움이 될 만한 지침을 추가해 나갔다. 방법론 초안을 완성한 후에는 주변 사람들에게 테스트를 실시했고, 그들의 피드백을 반영하여 방법론을 다듬어 나갔다. 공저자들과의 토론 과정, 실제 테스트에 참여한 사람들의 피드백을 통해 '내면 탐험이 강점 발견에 큰 도움이 된다'고 확신하게 되었다. 나를 비롯하여 여러 사람이 내면 탐험을 통해 강점을 발견하고 그것을 자신의 언어로 정리할 수 있었다.

모든 사람은 어떤 분야의 전문가를 지향하기 이전에, 자기 자신에 대해 전문가가 되어야 한다. 자신에 대해 모르면서 자아실현을 목표로 하는 것은 엉뚱한 표적을 겨냥하는 것과 같다. 강점을 발견하고 키우는 것은 한 개인이 책임져야 할 자기계발의 핵심이다. 완벽한 사람은 없으며, 누구에게나 자원과 시간은 제한되어 있다. 한 사람이 모든 것을 잘할 수 없고 자원 역시 한정되어 있기 때문에, 자신의 강점을 찾아 그곳에 유한한 자원을 집중 투자해야 한다. 이것이 가장 효율적이고 효과적으로 자신의 전문 분야를 확보하는 방법이다.

내면 탐험 요약

내면 탐험이란

내면 탐험이란 외부(전문 검사도구)와 내부(기록물, 타인이 보는 나 등)에서 자신의 강점에 관한 단서들을 수집하고 분석하여, 그 결과를 자신의 언어로 정리하는 것이다.

내면 탐험의 장점은 강점 발견에서 신뢰할 수 있는 객관적인 전문 도구(외부 관점)와 자기 안에 있는 주관적인 정보(내부 관점)를 둘 다 다룬다는 점이다. 이를 통해 더 체계적이고 통합적으로 강점을 발견할 수 있다.

내면 탐험에 적합한 사람

- 전문 심리검사를 받아온 경험이 있는 사람. 특히, MBTI나 스트렝스파인더 검사를 수행한 적이 있는 사람
- 일기를 3년 이상 꾸준히 써왔거나, 자신에 대해 타인과 이야기하는 것이 불편하지 않은 사람
- 수시로 자신을 관찰하고 성찰해 왔거나, 그렇게 하는 데 어려움이 없는 사람

내면 탐험 절차

단 계	세부 활동	결과물
1. 전문 도구를 활용하여 강점의 씨앗을 모은다	- MBTI, 스트렝스파인더, 다중지능, 에니어그램 등 전문 검사도구 활용 - 검사 결과 정리	검사 결과
2. 내 안에 있는 강점의 씨앗을 모은다	- 일기와 자신에 대한 기록물 검토 - '다른 사람이 보는 나'를 조사 및 정리	기록물과 타인의 의견 정리

3. 분석하고 정리한다	- 1, 2단계에서 수집한 강점 단서들을 빈도와 강도에 따라 분류 및 분석 - 강점 프로필 초안을 3인칭 관점에서 작성	강점 프로필 초안
4. 수정하고 보완한다	- 강점 프로필 초안 검토 및 수정 - 자신과 대화 나누기 - 강점 프로필을 1인칭 관점에서 작성	강점 프로필 버전1

팁과 주의사항

- 내면 탐험의 4단계 순서를 지켜야 한다. 특히, 1단계와 2단계를 바꿔서 진행하지 않는 것이 좋다. 전문 검사를 해보지 않은 사람은 2단계부터 하고 싶어 할지도 모른다. 하지만 강점 발견의 어려움 중 하나는 출발점이 모호하다는 것이다. 전문 검사도구로 시작하는 것은 강점 발견을 시작하는 데 수반되는 부담감을 덜어 준다.

- 일기와 기록물을 리뷰하고, 타인이 아는 나를 파악할 때에는 끈기가 필요하다. 처음에는 강점의 씨앗이 잘 보이지 않을 수도 있다. 씨앗을 5개 정도 찾는 데 일차 목표를 두자. 처음 몇 개를 찾아내기만 하면 씨앗들이 꼬리를 물고 나오게 된다.

- 일반적으로 내면 탐험에는 2주일 이상이 소요된다. 하루 날 잡아서 하겠다는 생각은 도움이 되지 않는다. 1단계와 2단계는 속도감 있게 진행해도 좋다. 하지만 3단계와 4단계는 정신적 작업이다. 분석하고 정리할 때 중요한 것은 속도가 아니라 숙성이다. 3단계와 4단계 사이에 숙성 기간을 적어도 사흘을 두는 것이 바람직하다.

- 강점 프로필 버전1을 작성할 때에는 두 가지를 잊지 말자.

하나, 나는 나를 알고 있다.

둘, 내 언어로 정리하지 못하면 강점을 활용할 수 없다.

• 맺음말 •
우리는 이렇게 달라졌다

보통 저자 소개는 비슷한 형태를 취한다. 우리는 그런 방식으로 자신을 소개하고 싶지 않다. 이 책의 특성에 맞게 좀더 창의적으로 우리를 소개해 보고자 한다. 다음은 과거보다 현재를, 현재보다 미래를 담은 드림 픽처(dream picture) 형태에 각자의 기질적 특성과 잠재력을 녹여낸 필자들의 자기 소개서다.

김귀자

참 재미있는 사람이다. 갖가지 재미있는 실험과 모색의 이야기로 가득한 커다란 꿈자루 같다. 19살에 처음 서울에서 부산까지 무전여행을 한 뒤 한 달간 단식, 문화기행, 전국도보여행, 자전거 일주 등 뭐든 몸으로 체험하길 즐기는 그녀에겐 한국이 작다. 그래서 '세계시민권자 되기' 프로젝트를 기획하고 있다. 10년 정도 세계를 경험하는 것인데, 일반적인 여행과는 달리 직접 살아보며 문화를 겪는 데 의미가 있다. 2004년 호주·뉴질랜드에서 1탄을 시작으로 올해 유럽에서 2탄을 계획하고 있다.

이렇다 할 큰 '족적'은 없지만, 젊음을 무기로 꿈을 베팅하는 중이다. 평범한 이들이 들려주는 위대한 이야기에 가슴이 쿵쾅거린다. 사람 지향적이고, 특히 개개인이 가진 꿈들에 관심이 크다. '꿈을 붙잡는 이'라는 인디언식 이름을 가진 그는 사람들의 꿈에서 가능성을 엿보기를 즐기며, 그것을 통해 그 사람의 최고의 모습을 그려낼 줄 안다. 언젠가 더 많은 사람들이 자신만의 꿈을 꿀 수 있도록 도와줄 수 있을 것이다. '꿈'이 우리를 살릴 수 있는 힘이라는 것을 믿으며, 누구보다 자신의 꿈에 가장 열광적인 지지를 보내는 그. 아직 젊기에, 괜찮은 미래가 있기에~ 정해진 길보다 스스로 길을 만들어가며 '큰 방황의 공간을 스스로에게 허하는 중'이다.

김달국

불혹의 나이였던 1998년, 외환위기로 나라 경제가 가장 어려운 시기에 타인이 만들어 준 안정된 자리를 스스로 버리고 자신의 길을 만들어 가는 인생 2막을 시작했다. 낯선 길을 가면서 많은 시행착오를 겪은 후, 새벽 4시 반에 기상하여 방대한 독서와 검도 등으로 몸과 마음을 갈고닦는 일을 하루도 거르지 않는 철저한 자기계발을 통해 자신을 새롭게 만들어 가고 있다.

포스코의 경력을 활용하면서 제철 설비에 사용되는 기자재를 공급하는 사업을 하면서도 사실 자기계발과 인간관계에 관한 저술 활동에 더 많은 에너지를 쏟고 있으며, 기업체와 대학 등에서 강의를 하기도 한다. 저서로『황소의 뿔을 잡아라』,『유쾌한 인간관계』,『29

세까지 반드시 해야 할 일』이 있으며, 현재 동서고금의 우화 속에서 삶의 지혜와 처세에 관한 내용을 모아 네 번째 저서를 준비하고 있다. 이 책 속 우화도 물론 그의 몫이다.

대학에서 기계공학을 전공한데다 연애편지 한 장 써보지 못한 그가 책을 쓰는 것에 대하여 처음에는 의아하게 생각하는 사람도 있었지만 의심하는 사람이 아무도 없다.

문요한

보기보다 자의식이 강한 사람이다. 그것은 그의 인생에서 덫이면서 날개였다. 사춘기부터 줄곧 '나는 누구인가?'와 '이 길이 나의 길인가?'라는 질문에 시달려왔다. 그러나 한동안 삶을 옭아매던 그 질문들을 놓치지 않았기에 정신과 의사가 될 수 있었다. 그리고 그 질문은 자신의 독특함에 대한 깊이 있는 탐색으로 이어져 멘탈 코치라는 새로운 삶의 영역으로 날아가는 데 날개가 되어 주었다. 이러한 이유로 삶의 양면성과 전체성에 주목한다.

그는 심리학이 지난 100여년 간 인간의 마음을 이해하는 데 관심이 있었다면, 앞으로 100년은 인간의 마음을 훈련하는 데 관심이 있을 것이라고 본다. 이 시대에 가장 중요한 자원은 바로 '인간의 정신'이라고 생각하기 때문이다. 그렇기에 그의 소명은 자기계발과 정신의학을 통합하여 인간의 정신을 향상하는 데 놓여 있다. 그의 꿈처럼 우리 사회 곳곳에서 생활체육과 함께 생활정신훈련이 뿌리내려 공동체의 정신건강이 좀더 푸르러지기를 바란다.

박승오

　타고난 재능을 활용할수록 삶이 더 유쾌해진다고 믿는 세계인이다. 그러한 믿음은 그가 한때 실명(失明)을 경험하면서 신념으로 굳어졌다. '그 사람도 하는데, 나라고 왜 못하겠는가?'라는 질문이 얼마나 위험할 수 있는지 경험으로 알고 있다. KAIST에서 토목공학과 경영공학을 공부하였으나 그것과는 무관하게 리더십 강사라는 직업을 선택하였다. 현재 한국 카네기 연구소에서 직장인과 대학생을 대상으로 강점을 바탕으로 자신의 커리어와 직업, 개인 대학 커리큘럼을 설계하도록 돕는 '나침반 프로그램'을 개발하여 강의하고 있다.

　그는 눈물이 많다. 그 눈물이 그를 다른 사람과 공명하는 강사이자 작가로 만들어 주었다. 그는 '창조적 학습 전문가'의 길을 걷기 위해 자신을 대상으로 무수히 실험하고 탐색하였다. 스스로 길이 되고 싶었기에 때때로 가난한 길을 마다하지 않았으며, 부끄러운 길을 거부하지 않았다. 사람들이 그의 이야기에 매료되는 이유는 자신이 겪은 체험이 녹아 있는 이야기를 해주기 때문이다. 그에게 그의 인생은 너무도 재미있는 퍼즐이고 수수께끼였으며 승리의 현장이었다. 그는 이런 모든 것을 책으로 써냈다. 그래서 사람들은 천편일률적인 훈계조의, 저자 자신도 행하지 못하는 유치한 단계의 자기계발서를 벗어날 수 있는 좋은 책을 만나게 되었다. 그는 끈기 있는 학습자로, 열정적인 자기계발 전문가로, 통찰력이 있는 작가로 성장해 갔다.

오병곤

사람들과 만나고 어울리는 것을 좋아한다. 사람들과 호흡하면서 영감을 받고 그들을 도와주는 것을 좋아하며 그들과 탁월한 성취를 만들어내는 것을 뿌듯하게 생각한다. 그렇지만 흔들리지 않고 피는 꽃이 어디 있으랴. 사람과의 만남이 깊은 상처로, 후회로 남기도 하였지만 마흔을 넘으며 내면의 성숙을 기르는 힘이 되었다.

타고난 열정과 성실, 실행력을 발휘하여 작지만 신나고 아름다운 기업을 세웠다. 영적이며 유쾌하고 창의적인 동시에 사람을 중시하는 가족 공동체 같은 회사에서 우리는 고객의 영혼을 움직이는 최고의 서비스를 선사한다. 음악과 여행을 좋아하는 '감성 CEO'여서 가끔씩 꿈벗들과 함께 차린 '꿈 카페'에서 기타를 치며 노래를 불렀다. 또한 가족과 친구와, 때로는 홀로 여행을 다니며 무수히 많은 자연과 도시와 사람들을 만났고 마음의 길을 걸었다. 기 수련과 명상을 통해 일상에서 보석과도 같은 깊은 성찰을 끌어올렸다. 하루를 최고의 날처럼 살았고 아직 인생 최고의 날이 오지 않은 것처럼 꿈을 꾸었다.

한명석

아침으로 빵을 먹는다. 오전 시간을 책 읽기와 글쓰기에 할애하기 위해서다. 책을 폭넓게 읽어 새로운 아이템을 찾기도 하고 일기와 단행본 원고도 쓴다. 책을 읽는 것도 좋지만 글 쓰는 것이 더 좋다. 키보드를 두드리는 동작에서 쾌감이 우러날 정도다. 오후에는 사회

교육센터에서 창의성 훈련이나 행복한 글쓰기에 대한 강의를 한다. 놀랄 정도로 기질이 비슷한 사람들이 속속 모여드는 것이 참 신기하다. 내 강좌의 수료생들이 커뮤니티를 이루어, 공저를 쓰고 다양한 지적 실험을 한다. 저녁에는 그림을 그리거나 춤을 춘다. 향기로운 와인에 취해 무아지경을 넘나든다.

내 인생은 내가 원하는 대로 되었다. 나는 행복한 글쟁이요, 언제까지나 배우고 성장하는 학습인이요, 순간을 향유하는 쾌락주의자로서 새롭게 나이 드는 역할모델이다. 나의 문화는 내가 만든다.

홍승완

첫 번째 소명. 24살, 평생 흘릴 눈물을 다 흘린 시기였다. 햇살이 아름다웠던 어느 날, 책 한 권과 함께 첫 번째 소명이 찾아왔다. '너의 꿈을 찾아라. 거기에 너의 전부를 걸어라. 그러면 어제와 다른 하루를 만나게 될 것이다.' 처음으로 죽다 살아나고서 꿈을 향해 걸을 수 있게 되었다.

두 번째 소명. 30살, 스승님의 말씀과 함께 두 번째 소명이 찾아왔다. '첫 번째 도약을 준비하라. 너의 콘텐츠를 가져라. 그러면 어제와 다른 너를 만나게 될 것이다.' 두 번째 재생(再生)의 과정을 거치며 자신을 믿고 3년 동안 달려 변화경영연구소 1기 연구원이자 경영 콘텐츠 전문가가 되었다. 그동안 온·오프라인을 아우르는 다양한 경영 및 기업 교육 콘텐츠를 기획하고 개발했으며, 성공적인 해외 공익기관에 관한 사례 분석을 통해 국내 공공기관에 필요한 핵심적인 레슨을 담은 공저 『아름다운 혁명, 공익 비즈니스』를 출간했다.

세 번째 소명. 33살, 영웅 신화와 함께 세 번째 소명이 찾아 왔다. '신화를 현실로 침투시켜라. 세상에 꽃씨와 불씨를 뿌려라. 그러면 어제와 달라진 사람들을 만나게 될 것이다.' 지금 맞는 세 번째 죽음에서 잘 죽고 거듭나면 비약(飛躍)할 수 있으리라. 재생 후의 삶을 다음과 같이 그리고 있다.

"마흔이 되기 전에 책 6권을 펴냈다. 개인과 조직의 위대한 변환이라는 화두를 7년 동안 깊게 품고 그 속에서 통찰을 얻었다. 내 책은 개인과 조직의 위대한 변환을 위한 길잡이요 꽃씨요 불씨였다. 나는 사람들에게 꽃씨를 뿌려 내면에 깃든 잠재력을 피워냈고, 조직의 심장에 불씨를 지펴 새로운 미래를 구워냈다. 꽃씨와 불씨를 받은 이들은 자신만의 신화를 창조했다."

• 부록 •
강점 목록표

이 강점 목록표에서는 우리가 선천적 소질이라고 하는 '재능'과 기질적 특성이 반영된 '성격적 장점'을 굳이 구분하지 않았다. 구분이 쉽지 않기도 할뿐더러 불필요한 혼란을 야기할 수도 있어서다. 그리고 여기에서 이야기하는 강점은 남보다 잘하는 능력이라기보다는 자신이 가진 자원 중에서 상대적으로 우수한 자원을 말하는 것이다. 다음 목록은 사람들이 흔히 강점이라고 생각하는 항목들을 바탕으로 다음과 같은 책을 참조하여 가나다 순으로 정리한 것이다.

- 마커스 버킹엄 외, 『위대한 나의 발견, 강점혁명』
- 리처드 N. 볼스, 『나를 명품으로 만들어라』
- 마틴 셀리그만, 『긍정 심리학』
- 하워드 가드너, 『다중지능』

가			
가르치기	가설 세우기	가창력	감상하기
감수성	감정 지각	강의하기	개념 연결
개념화하기	개방적 사고	개선하기	객관화하기
격려하기	결심 지키기	경청하기	계산하기

계획 세우기	고안하기	공간 활용하기	공감하기
공예	관계 맺기	관리하기	관찰하기
꼼꼼함	꾸미기	균형잡기	그리기
글쓰기	기기 다루기	기록하기	기술 습득
기억하기	기획하기		

나

낙관주의	낱말 잇기	노래하기	논리적
놀이 개발	놀이 진행	눈치 빠름	능률적

다

다정다감함	단호함	대화하기	도구 활용하기
도식화하기	도전적	독립심	돌보기
동기부여하기	동물 친화	디자인 감각	

마

마무리	맛 평가하기	모방하기	목표지향성
문제 해결하기			

바

박자 감각	반증하기	발명하기	배려하기
번역하기	베풀기	봉사하기	분류하기
분석하기	분해 조립하기	비유하기	비판적 사고

사

사색하기	상담하기	상상하기	상식이 풍부함
설계하기	설득하기	설명하기	성실함
솔선수범	솔직함	수리하기	수집하기
수용하기	승부욕	식물 친화	신념
신뢰주기	신중함	실행하기	실험하기
심판 보기			

아

악기 연주	안내하기	알리기	언변
여행하기	연결하기	연설하기	열정
영성	예를 들기	예산 세우기	예측하기
옷 만들기	외국어 듣기	외국어 말하기	요리하기

요약하기	용기	운동 가르치기	운동하기
운전하기	원칙적	유머	융통성
응원하기	의미 파악	의사소통	이미지 연상
이야기 만들기	이해하기	익살 부리기	인과관계 파악하기
인내하기	임기 응변 능력		
자			
자기 성찰	자기 점검	자기 주장	작곡하기
재정의하기	재테크하기	저축하기	적응하기
점검하기	절제하기	정돈하기	정리하기
조각 맞추기	조망하기	조사하기	조언하기
조형 제작	종합하기	주도하기	중재하기
지도 보기	지도 제작	지도력	진단하기
진취적	질문하기	집요함	집중하기
차			
차분함	창의적	책 읽기	책임감
청음 능력	체계화하기	촬영하기	추리하기
추진하기	춤추기	치밀함	친화력
카			
카드 제작	카리스마	코디네이션	
타			
통역하기	통솔하기	통찰력	통합하기
투자하기	트렌드 파악하기	팀 만들기	
파			
판매하기	편집하기	평가하기	포용하기
표정 읽기	표현하기	프로그램 만들기	
하			
학구열	핵심 파악하기	헌신적	혁신적
현실적	협동하기	협상하기	호기심
혼자 놀기	확장하기	활동적	활용하기
효율적	회계 능력	회복하기	흉내 내기
힘 쓰기			

• 작가 후기 •

    이 책을 쓰는 내내 머릿속을 맴돌았던 말이 있다. "너 얼마나 간절하게 그걸 원하니?" 이 말은 어려운 선택의 과정마다 나를 이끌어준 훌륭한 스승이었다. 그에 따라 간절하게 원하는 것을 좇다 보니, 이 책까지 이르게 되었다. 앞으로도 수없이 만날 인생의 갈림길에서 '어디로 가야 할까' 물을 때면, 내 안의 누군가 이렇게 속삭일 것이다. '네가 원하는 그것, 가장 간절히 원하는 그것을 따라가.'
                                                              _김귀자

    처음에 연구원들과 책을 같이 쓰면 의미도 있고 쉬울 것이라고 생각하고 시작했는데 하다 보니 그것이 아니었다. 나 혼자 멀리 떨어져 있다는 이유도 있었지만 내 음색을 전체와 조화하는 것이 쉽지 않았다. 처음에 그리려던 호랑이가 결국 구석에 웅크리고 있는 작은 고양이가 되었다. 그러나 쥐 잡이 임무를 맡은 고양이라고 생각하며 억지로 위안을 한다.
    강점을 찾아가는 방법에 대한 책을 쓰면서 다른 사람과 어울려 하는 것보다 혼자 하는 것에 더 강점이 있다는 사실을 깨달았다. 나만의 음색이 더 잘 어울리는 분야가 있음을 알아가는 것, 자신의 강점은 그런 과정을 통해 스스로 발견하는 것이다.
                                                           _김달국

지난 삶이 파노라마처럼 펼쳐진다. 자칫 개인적 체험으로만 그쳐버릴지 모르는 물방울 같은 이야기가 이렇게 여럿이 모여 하나의 흐름이 되고 책이 되었다. 내 삶이 다른 누군가의 성장에 도움이 될 수 있다는 것은 얼마나 가슴 벅찬 일인가! 나는 당신과 합류하여 더 넓은 세상으로 흐르고 싶다. _문요한

재능이나 강점이란 노력하지 않는 게으른 사람들의 핑계일 뿐이라 생각하던 때가 있었다. 그러나 개인적인 경험을 통해 누구나 독특한 강점들을 가지고 태어남을 알게 되었다. 마음만 먹으면 무엇이든 '할 수 있다'고 강조하는 시시한 자기계발서를 뛰어넘는 책을 쓰고 싶었다. 그리고 이 책이 그 중요한 시발점이 될 것임을 알고 있다. 함께 해준 '친구이자 스승'들에게 감사드린다. _박승오

책을 쓰면서 내 안에 숨겨져 있는 작은 보물을 찾아냈다. 그것은 낡은 다락방 서재에서 해묵은 일기장을 발견해 읽어 보는 기쁨이었다. 내 삶을 구원할 강력한 무기는 다름 아닌 내 안에 있었다. 너 자신을 알라. 이

보다 더 씩씩한 첫걸음이 어디 있겠는가? 일 년을 함께 수고한 구본형 사부님과 연구원들에게 벼락같은 축복이 있기를. _오병곤

주제가 있는 토론, 저술여행, 지식의 공동생산……. 이 책을 만드는 과정은 내 인생의 가장 빛나는 장면이 되었습니다. 그러면서 알게 되었습니다. 기꺼이 몰입하고 즐거워하는 순간을 최대한 많이 일상생활에 배치하는 것이 삶의 성공이라는 것을요. 이 책을 쓰면서 발견한 나의 강점을 활용하는 일에 매진하렵니다. '강점 찾기'의 후편으로 '강점 활용'도 쓰게 되기를 바라면서요. _한명석

내 경험을 글로 옮기는 것이라 쉬울 줄 알았다. 오판이었다. 돌아보면 글 쓴 시간보다 고민한 시간이 더 많았다. 글을 쓰면서 난관에 부딪칠 때마다 나를 지켜준 것은 두 가지였다. 하나는 나의 강점이다. 흥미롭게도 강점의 힘으로 강점에 관한 글을 쓸 수 있었다. 다른 하나는 공저자들이다. 우리는 서로 촉발하면서 공명했고 맞서면서 어울렸다. 사부(師父)님과 사우(師友)들에게 감사드린다. _홍승완